年齢たるみが
1分で解消!

# 顔面整頓

かとうようこ

サンマーク出版

どうせ、マスクだし。

もしかして、そんなことを思っていませんか？

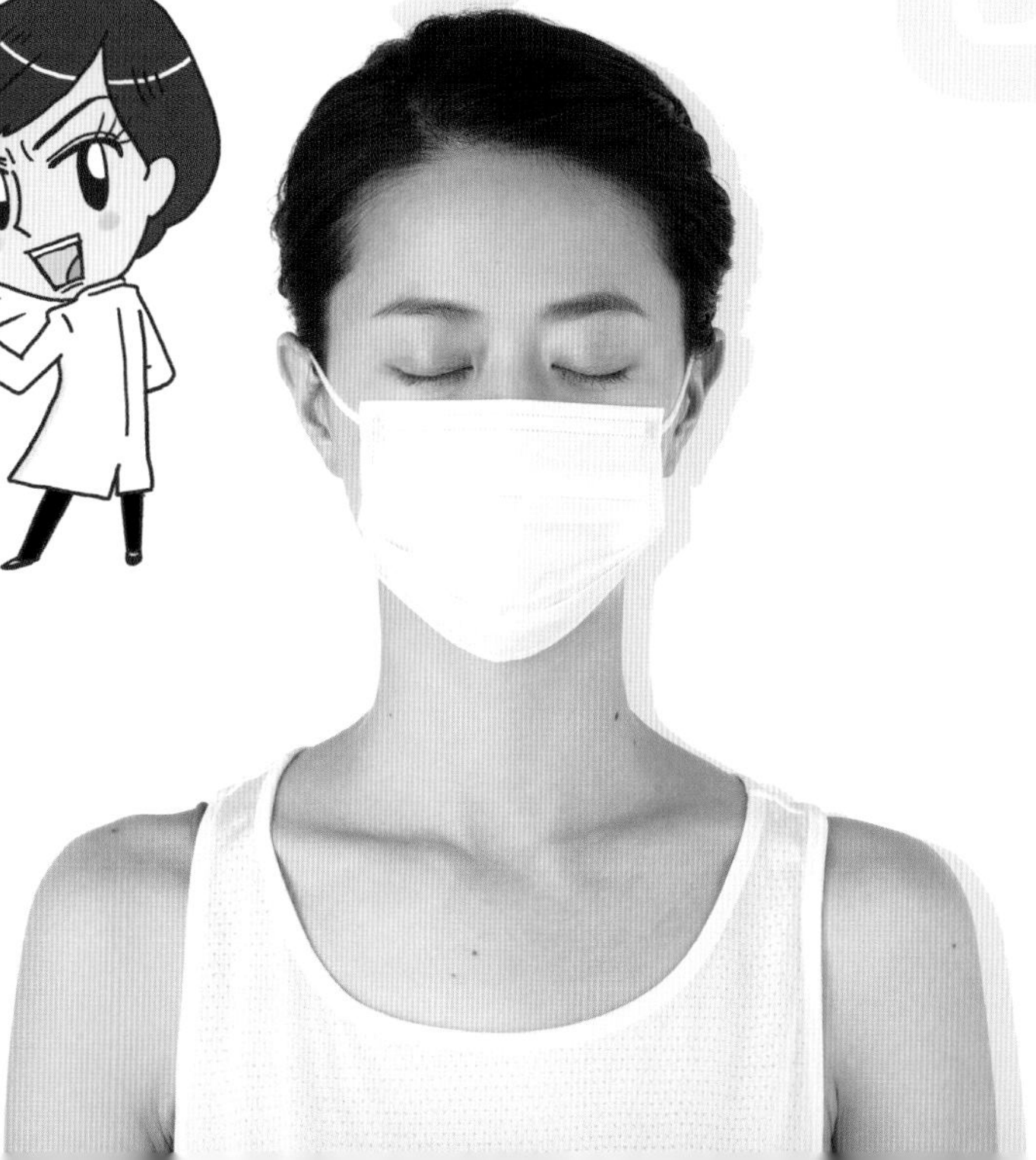

メイクも、（どうせ上半分しか見えないしね）
スキンケアも、（吹き出物も隠せちゃったな）
アクセサリーも、（ピアスはひっかかるもん）
新作のお洋服も、（ずいぶん買ってないかも）
・・・まぁ、テキトーでいいや。

# どうせマスクだしね。

新しい生活様式という名のもとに、
マスクが生活必需品になった昨今。
口紅やチークといった化粧品やお洋服の売り上げが
軒並み落ちたこの「美容ショック」は、いうまでもなく

この、マスクという白いベールが生み出した、
女性たちの「どうせ」の空気が運んだ危機といえる気がします。
でも、鍼灸《しんきゅう》師である私は、このマスクの下で、
もっともっと恐ろしいことが起こっていることを、
お伝えしなくてはなりません。

# そう、「顔面土砂崩れ」の事実を。

## マスクの下では顔面総土砂崩れ!?

日本橋に独立開業してはや18年。私は鍼灸師として、これまでのべ10万人以上の女性たちのお顔を、最小限の鍼《はり》を使い引き上げてきました。そんな私が最近、やっと人が戻ってきつつある街で見ていること。というか、気になって仕方がないことがあります。

それは……

### 「マスクの下で立派に進行しているたるみ問題」

2020年は、新型コロナウイルスによる混乱のなか、学校の休校や会社のリモートワーク推進、外出自粛など、日本じゅうの多くの人々が「我慢」や「制約」「制限」を強いられ、大きな閉塞感とともに模索する年となりました。そんななか、これまで普通の日常風景だった、移動し、人と会い、話す、ということが激減した1年ともいえると思います。

そんななかで、私の一番の関心事は、「表情筋」のことでした。というのも、**マスクをしているだけでも、表情筋の動きは半減してしまうからです。**

日常生活で、いかに話すことで人は表情筋を使っているのか。私は自分のことも含めて、改めてそれを実感することになりました。

自粛期間が明けて治療にいらっしゃる常連の患者さんの中には、自粛期間中、一人暮らしのため自宅でほとんど誰とも話さなかったという人もいました。彼は表情筋が明らかに衰え表情がとぼしくなっているばかりか、声を出す筋肉も衰え、話しはじめがかすれてうまく声が出ない状態でした。当然のことながら、顔だけではありません。家から出ない生活は、全身の筋力低下も引き起こしていました。

日々通勤し、人と会い、話すことがこれまでより減っている今、そして、マスクをすることによって、そもそも表情筋が使われにくくなっている現状は、顔のたるみはもちろん、筋力低下によるさまざまな弊害を、これから引き起こしていくのは想像に難くありません。

## なぜ私は「表情筋」が気になりすぎるのか

「ようこ先生！　なんだか顔がたるんだ気がして！」

「顔が突然、老けて見える気がする、お願い、なんとかして！」

そう言って、治療院に駆け込んでくる最近の患者さんたちの真剣なまなざしに、私は自分自身の「ある経験」を重ねずにはいられません。

**それは、私自身が、まさに「顔面土砂崩れ」の惨事に陥った、ちょっと苦い経験です。**

幼少期から、私は表情筋をうまく使えない子どもだったのでしょう。普段からポーカーフェイスといったらかっこいいですが、とぼしい表情と小さな声。音楽の授業では、口がうまく開けられずに「ようこさん、歌うときにはもっとしっかり口を開けて！」と先生から言われ続けていました。

不機嫌そうに見えるのか、クラスの人気者とは程遠い存在。私はいつのまにか、自分の顔がどんどんきらいになっていきました。

成長し、大学を卒業して就職、結婚、子育てを経て、自分自身の体調不良の改善のために鍼灸治療に通うなかで、まるで導かれるようにこの世界に入り、自分自身が鍼灸師となったわけですが、私は治療する立場になってからもずっと、表情がとぼしい自分の顔に、コンプレックスを抱いていました。

年齢を重ね、メイクやお洋服を自分のお金で楽しめるようになっても、やっぱり、自分の顔に自信がもてない。40代中盤になると、そこに老化が加わりました。

**ある日、私は、そもそもコンプレックスであるこの顔に、とどめを刺すかのような「シミ」を見つけてしまいます。**それは、直径5ミリほどのシミ。でもそのときの私には、私を奈落の底に突き落とすに十分な、大きな大きなシミに見えました。

それからです。職業柄、美容や美容診療についてくわしく調べられる私は、ありとあらゆる美容の手段を試みました。もちろん、自分自身で美容鍼も打ち、エステのフェイシャルマッサージのお高いコースやサプリメント、美容医療……注ぎ込んだお金はもう思い出したくないくらいです。

そんな、徹底的な「コンプレックス克服」に燃えていたある日、エステでも取り去れないシミを解決しようと躍起になった私は、美容皮膚科ですすめられるがままに「ピーリング」を行いました。

それから数日後のことです。私は、エレベーターの中で鏡に映る自分の顔に異変を感じます。

「え……誰、これ」

明らかに、たるみが生まれています。

「なんか、やる前より、老けてない？」

思い過ごしと思いたかった私ですが、友人からの「あれ？　顔、どうかした？」という言いにくそうな言葉に、厳しい現実に直面します。

私の肌に起きていたこと。

それはケミカルピーリングによって角質や表皮が剥《は》がされすぎたという事実。ピーリングの薬剤は、年齢を重ねたもともと薄い私の肌には劇薬だったのでしょう。弱い酸によって溶かされて表皮層が薄皮状態になった結果、私の肌は顔の肉を支える力さえない状態になってしまっていました。

**顔面土砂崩れ**。

このセンセーショナルな言葉は、ほかでもない私自身が、40代のときに自分に感じた言葉だったのです。

私はそのとき無性に悲しくなって、「ごめんね」と思わず私の顔にあやまりました。

表情がとぼしいというコンプレックス、シミを見つけたショックな思い。自分の顔を何とかしなきゃという思いばかりが先走り、その除去に躍起になるばかりで、私は、まったく自分の顔のことをいたわっていなかった。向き合っていなかった。大切にしていなかった——それを痛感したからです。

そこから、私は改めて、年齢肌のためのたるみの改善方法の研究に乗り出しました。それはもう徹底的に。

**年齢を重ねた肌には、やってもいい美容と、やってはいけない美容がある。**

そのことを身をもって知った私は、ただひとつの法則のようなものを見つけていました。

それは、
❶方法はあくまでも自己治癒力をもとにしたものであること
❷表情筋という非常に繊細な土台に働きかけるものであること

私の専門である鍼灸はもともと、東洋医学の考え方をもとに、心とからだのめぐりを整え、痛みを取り、からだの状態を健康へと導くために行う治療です。美容鍼もまた、衰えた皮膚や筋肉を健康へと導く手助けをしながら、内側からふっくらとしたハリを引き出していきます。

自己治癒力を最大限に引き出して、もう一度健康なからだに戻る。

この考え方に立ち返り20年、表情筋を研究し尽くした私も還暦を迎えました。

治療院を訪れる女性たちに口を酸っぱくして言っているのは、

「どんな美容に、どれだけお金を費やしたとしても、皮膚や脂肪を支える筋力の回復だけが唯一の道」

ということ。

その方法は、大変なエクササイズではありません。そもそも、表情筋は小さく繊細な筋肉。やさしく、ていねいに、心を込めて。

そう、私自身が自分の顔へのいたわりを思い出したように、大切に扱う気持ちあってのエクササイズです。本書でお伝えするエクササイズは、拍子抜けするほど簡単に見えますが、年齢肌には**簡単にできる**ものこそ、いいのです。

「早く取り組みたい！」ですよね。

ではさっそく、本書でお伝えする顔面整頓のやり方からご紹介しますね。

# 顔面整頓とは!?

顔面整頓は**中高年のための**お顔トレーニングです。

**もっとも簡単に、安全に、心地よく、**

たるみ顔をすっきりくっきり顔へと変える方法です。

今年60歳である私が、たくさんの手技、器具、
人の手を使ったマッサージやエステ、そして鍼。
それらを研究しつくして見つけたのが、
この**「最小にして最大の効果を生み出す方法」**。
年齢を重ねたお肌には、
「負担を最小限に」することが何よりも大切です。
なぜなら、過度の負担は、別の新たなシワやたるみを生むから。
もちろん顔面整頓も、回数を守って行ってくださいね。

はじめは表情筋が動かしづらい人も、
プレエクササイズをしっかり行うことで、
徐々に自在に動かせるようになります。
さぁ、あなた本来の、
「くっきり」「ぱっちり」「すっきり」顔へ。
あなた自身の手で、ていねいに、やさしく、
心をこめて戻しましょう!

## 4つのプレエクササイズは、おもにご自宅でリラックスした時間に。

くるくるペンギン

1

何回でもOK

ベーベーカメレオン

2

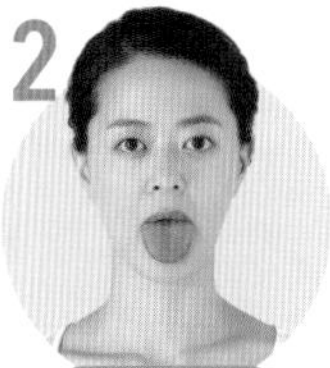

1日2回

割り箸ライオン

3

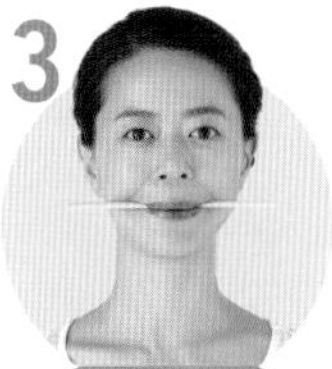

1日2回

ねっとりネコまぶた

4

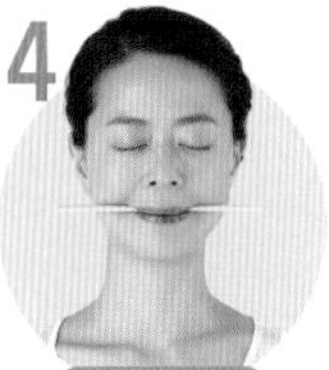

1日2回

## 5つの顔面整頓エクササイズは、外出先でマスクをしたまま行います。

ほおたるみ解消！
ニマニマほっぺ

1

1日2回

涙袋すっきり！
応用ネコまぶた

2

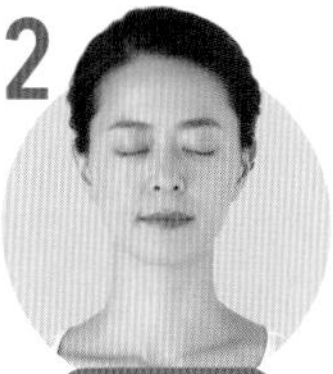

1日2回

下ぶくれ撃退！
ベロベロ3秒往復

3

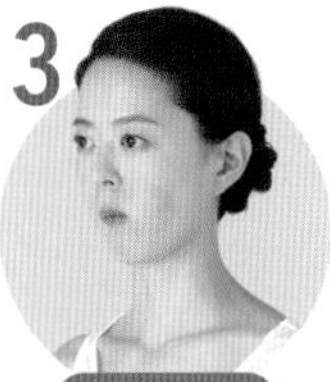

1日2回

ほうれい線退治！
口なか大回転

4

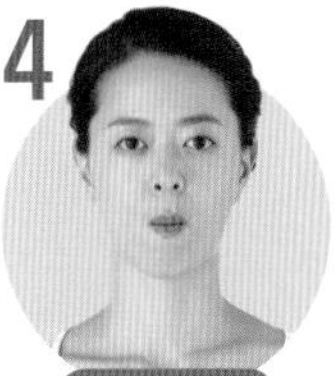

1日2回

二重あご決別！
連続ごっくん

5

1日2回

※プレエクササイズをした日は一律1日1回で十分です

**注意事項**

- 舌の構造に異常がある人は行わない
- 顎関節症のときには行わない
- 口腔内に傷ができているときには行わない
- 首に痛みがあるときには行わない
- 舌に傷があるときには行わない

1日何回やってもOK

# くるくるペンギン

Pre-Exercise 1

**刺激されるおもな筋肉**　小胸筋　菱形筋　上腕三頭筋

ペンギンのような姿勢で、肩甲骨周辺の筋肉をほぐし、血流とリンパの流れを改善します。肩甲骨周辺、また腕回りの筋肉も使うので、肩こりも改善。固くなると巻き型の原因となる小胸筋も簡単にストレッチできるほか、二の腕の引き締め効果も。

**ready**

こぶしひとつ分開けて、自然に立ちます。

**意識！**

肩周りがほぐれ、血流が上がることをイメージします

POINT

肩甲骨が寄っている

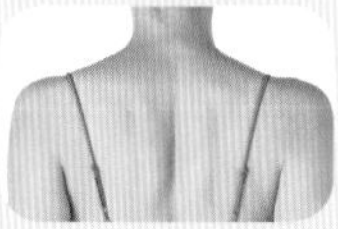

POINT

こぶしひとつ分開ける

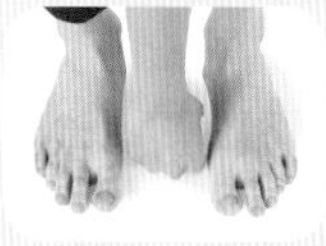

POINT

手首を反らせてペンギンのように

NG

肩が上がらないように注意

1 胸を開き肩甲骨を寄せ、下ろした両手の手首を反らせます。

2 手の指を開き、手首を反らせた状態で、手のひらを床と平行にして腕を3回回す。

3 反対回しも同様に。2、3を3回繰り返します。

Pre-Exercise 2

# ベーベーカメレオン

1日2回

**刺激されるおもな筋肉** 舌骨上筋群、舌骨下筋群

カメレオンのように舌を曲げ伸ばしする動作で、口周りの筋肉を刺激し顔全体の血流とリンパの流れを改善します。口の中から指で押す動作では、口周りの筋肉を直接刺激することができます。

POINT
舌の裏のすじがピンと張るのを感じます

ready
姿勢を正して座ります。

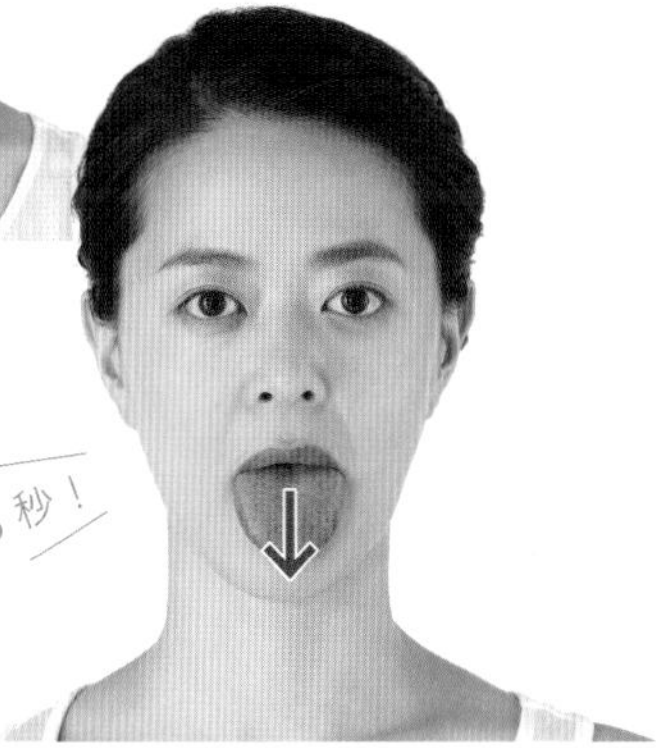


1 舌を下に伸ばして6秒キープします。ストレッチをするように。

2 伸ばした舌を今度は上あごの奥につけるようにします。6秒キープ。

3 手を口の中に入れ、親指でほお肉を裏側から押します。
※清潔な手で行います。

POINT
このあたりまで、親指が入ります

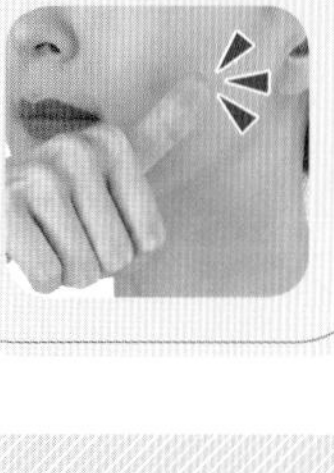

やりすぎ注意!
1〜2を
1日2回
まで

# 割り箸ライオン

Pre-Exercise 3

**刺激されるおもな筋肉**　板状筋　胸鎖乳突筋　大頬骨筋　口角挙筋

ほおの筋肉に刺激を与えます。割り箸をくわえることで、ほお肉を持ち上げやすくするだけでなく顎関節を調整する効果も。獲物を狙うライオンがゆっくり左右を見渡すイメージで。ほおだけでなく、首周りの筋肉も刺激します。

頬骨の下を触って、動いている筋肉を意識します

## ready

座った状態で姿勢を正し、割り箸を真横にくわえます。

POINT

犬歯よりひとつ奥の歯で

## 1

割り箸をくわえたまま、「い ――――」と声を出し、その後左右に3回首をゆっくり動かします。

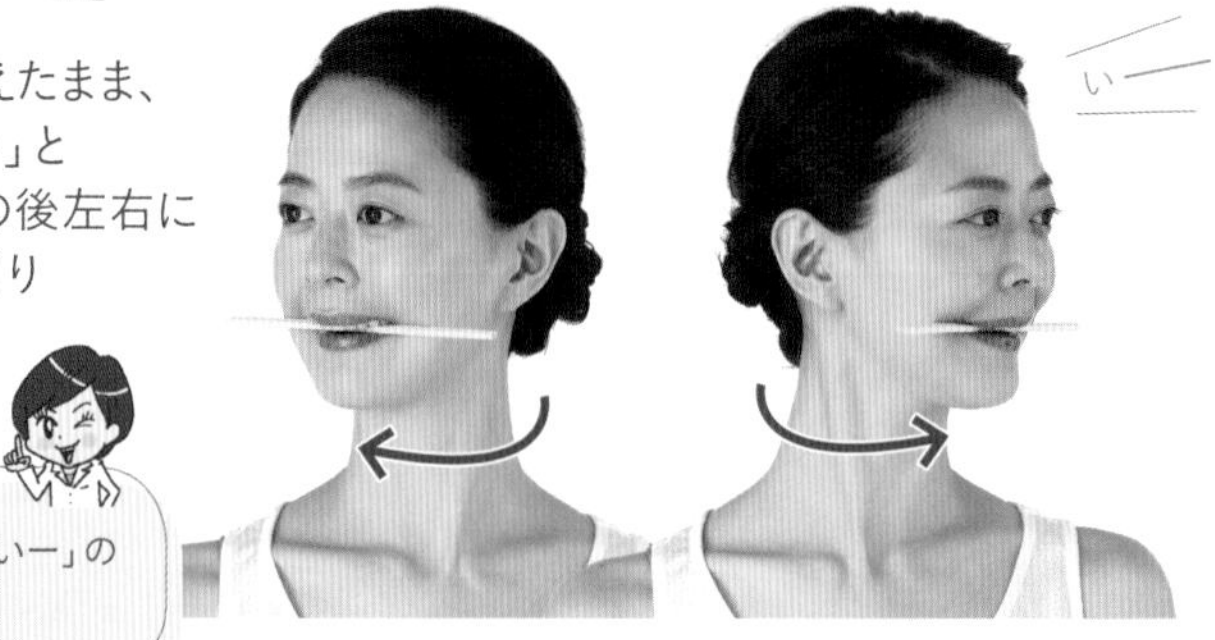


POINT

声が続かなくなっても「いー」の発音の口の形のままで

## 2

割り箸をくわえたまま、「う ――――」と6秒間声を出します。6秒たったら脱力し3回繰り返します。

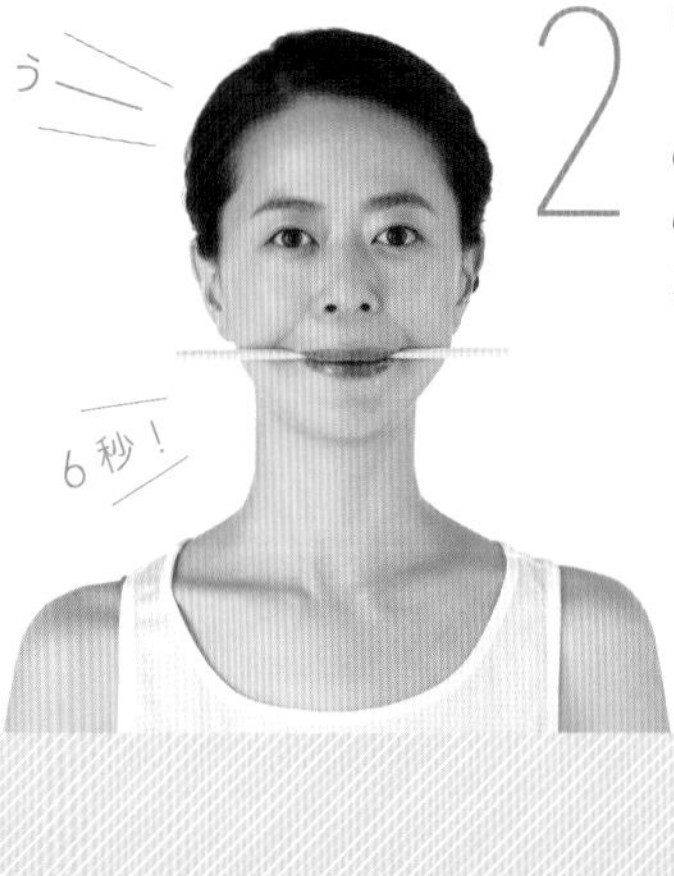


NG

猫背にならないように。姿勢が悪いと効果が半減

Pre-Exercise 4

# ねっとりネコまぶた

やりすぎ注意！
1~2を1日2回まで

**刺激されるおもな筋肉**　眼輪筋　大頬骨筋　口角挙筋

目の周りとほおの筋肉に働きかけます。ぎゅーっと目をきつく閉じるのは絶対NG。上まぶたと下まぶたとを静かに押し付けあう、ゆっくりねっとりしたネコのまばたきをイメージ。眼球がうるおい、疲れ目、ドライアイの改善にも。

**意識！**

目の周りの筋肉を意識して、筋肉があったことを思い出します

**ready**

姿勢を正して座り、割り箸を真横にくわえた状態で両目を閉じます。

**POINT**

割り箸をくわえほおの筋肉が刺激されている状態で、まぶたを意識

**NG**

ぎゅーっとしすぎはNG。
眉間をはじめ余計なところにシワが

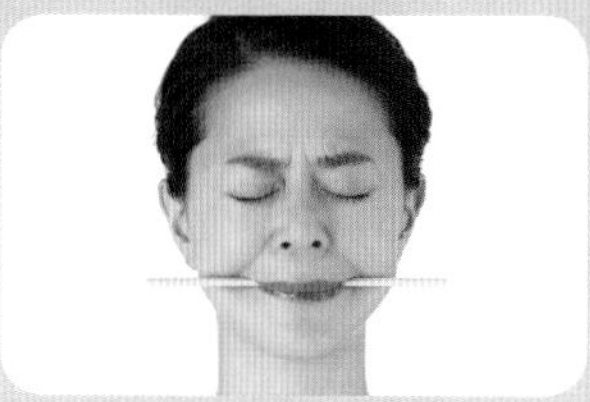

1　上下両まぶたをゆっくり閉じて、下まぶたで上まぶたを押し上げるイメージで6秒キープ

2　1を3回繰り返して脱力します。

やりすぎ注意！
1日2回まで

マスクしたままでもできる

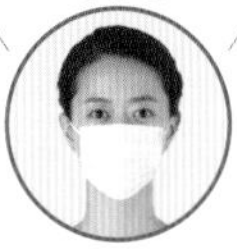

# ほおたるみ解消！ ニマニマほっぺ

顔面整頓 1

刺激されるおもな筋肉　大頬骨筋　口角挙筋

プレエクササイズ3「割り箸ライオン」で上がったほお肉を思い出して行います。ほお肉だけを持ち上げるのがむずかしいなら、プレエクササイズを繰り返してから。

ready
姿勢を正して座ります。

1 ほおのお肉を持ち上げます。

意識！
好きな人を思い出してニマニマするときの顔、思い出し笑いを我慢する顔

POINT

口が普段つい
「への字」になる方は
必須のエクササイズ

POINT

口は閉じて、ほお肉だけ
が上がるのを意識

2 ほおが目に
つきそうになる
イメージでさらに
ほお肉を上げ、
6秒キープします

6秒！

3 脱力します。
1、2を
3回繰り返します。

意識！

ほおのトップの
位置が上がって
いるのを
意識します

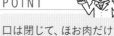

マスクしたままでもできる

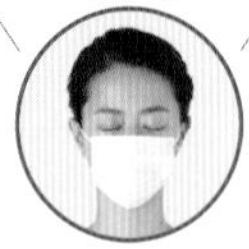

1日2回まで

涙袋すっきり!

顔面整頓 2

# 応用ネコまぶた

刺激されるおもな筋肉　眼輪筋　大頬骨筋　口角挙筋

プレエクササイズ4で、割り箸をくわえたまま行った「ねっとりネコまぶた」の動きの応用です。ほお肉を上げた意識でまぶたの筋肉をうまく使えるようになると、涙袋がすっきりします。むくんだまぶたにも効果があります。

意識!

前頁の顔面整頓（ニマニマほっぺ）で上がったほお肉のままで行うとgood!

ready
姿勢を正して座ります。

1 両目を軽く閉じ、さらに上下のまぶたをねっとり閉じるイメージで6秒キープ。

2 目を開いて自然に戻します。3回繰り返します。

NG

猫背にならないように。姿勢が悪いと効果が半減

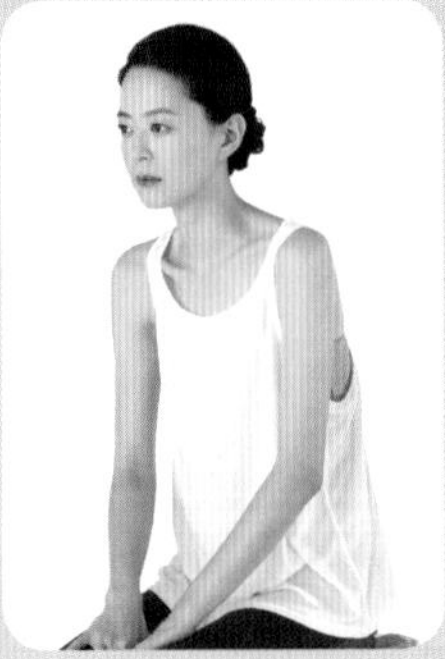

NG

目をぎゅっと閉じない。肩が上がらないように

POINT

左右で閉じにくさを感じるほうの目は、
一方ずつより重点的に行う

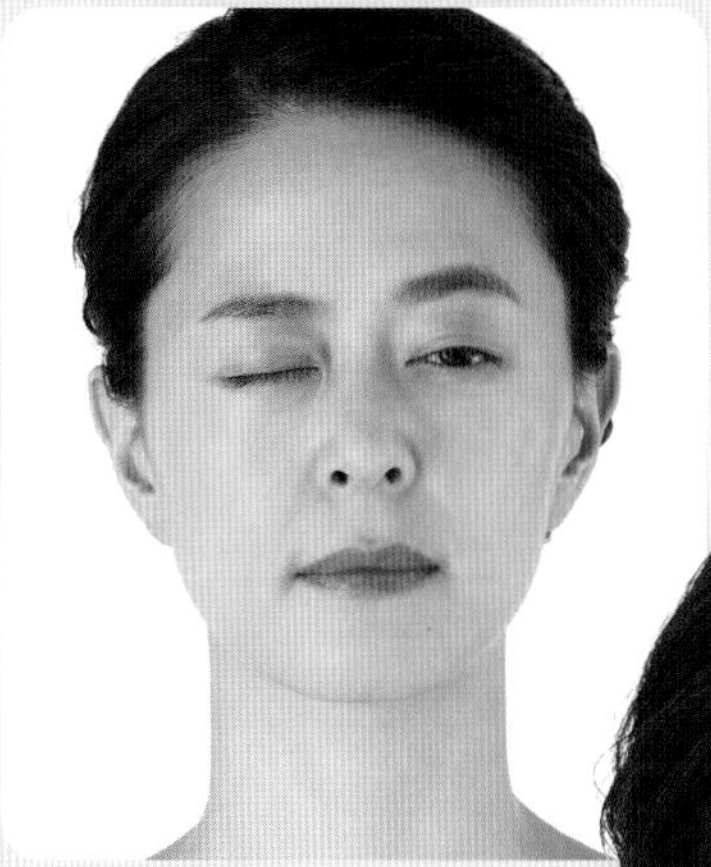

6秒！

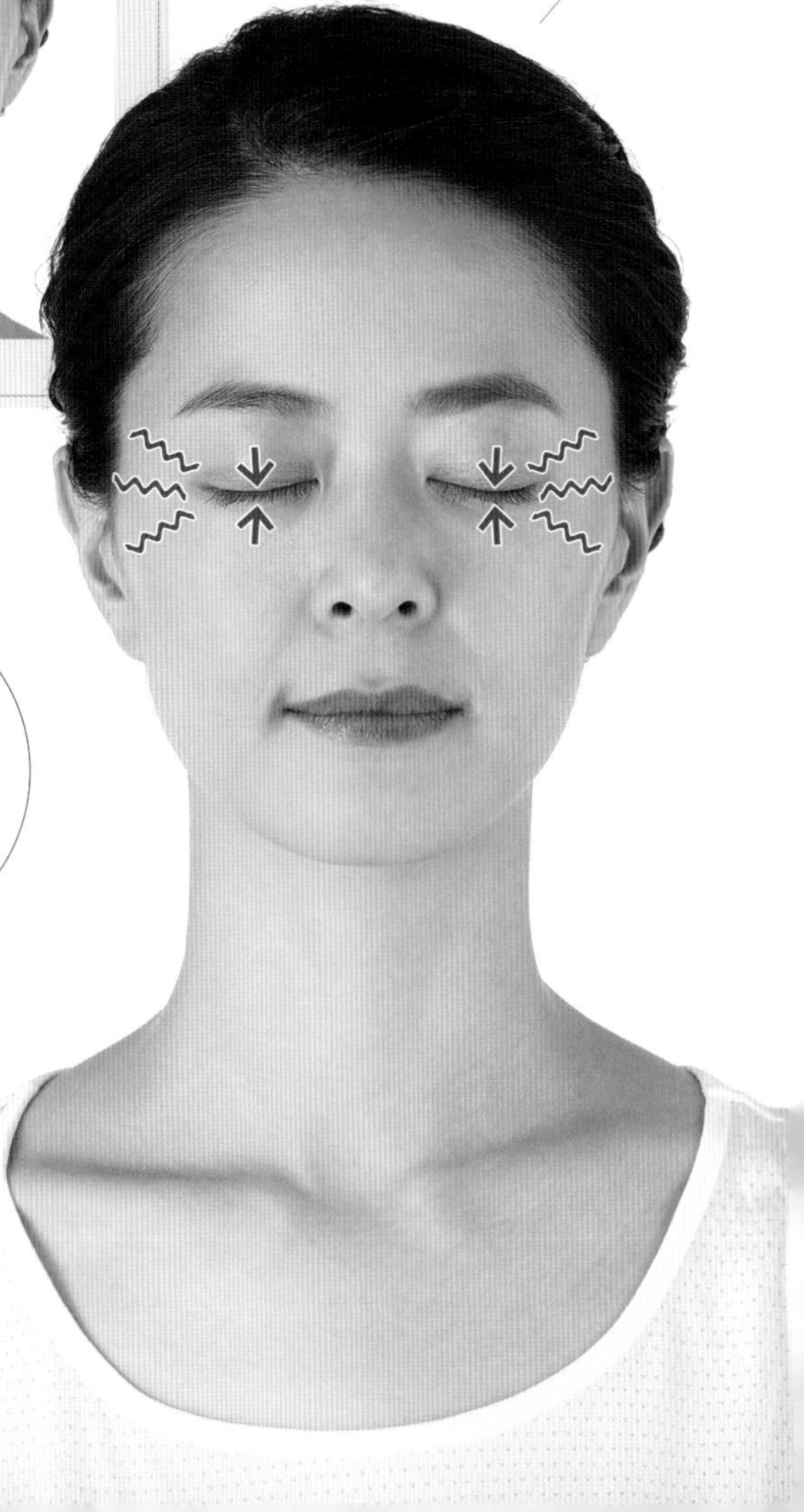

**意識！**

とくに下まぶたを意識
することがポイントです。
指で触れ、刺激が
入っていることを
確認します

1日2回まで

マスクしたままでもできる

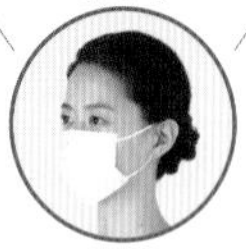

下ぶくれ撃退!

顔面整頓 3

# ベロベロ3秒往復

**刺激されるおもな筋肉** 舌筋

顔の下半分のたるみに効果的なのが、舌を口の中で積極的に動かすこと。この顔面整頓は、奥歯から奥歯へと歯茎をなぞる動きで、口の中の筋肉を刺激します。唾液分泌がよくなり口臭や虫歯も防ぐ、ドライマウスの方にはイチオシの動きです。

ゆっくり片道3秒かけて！

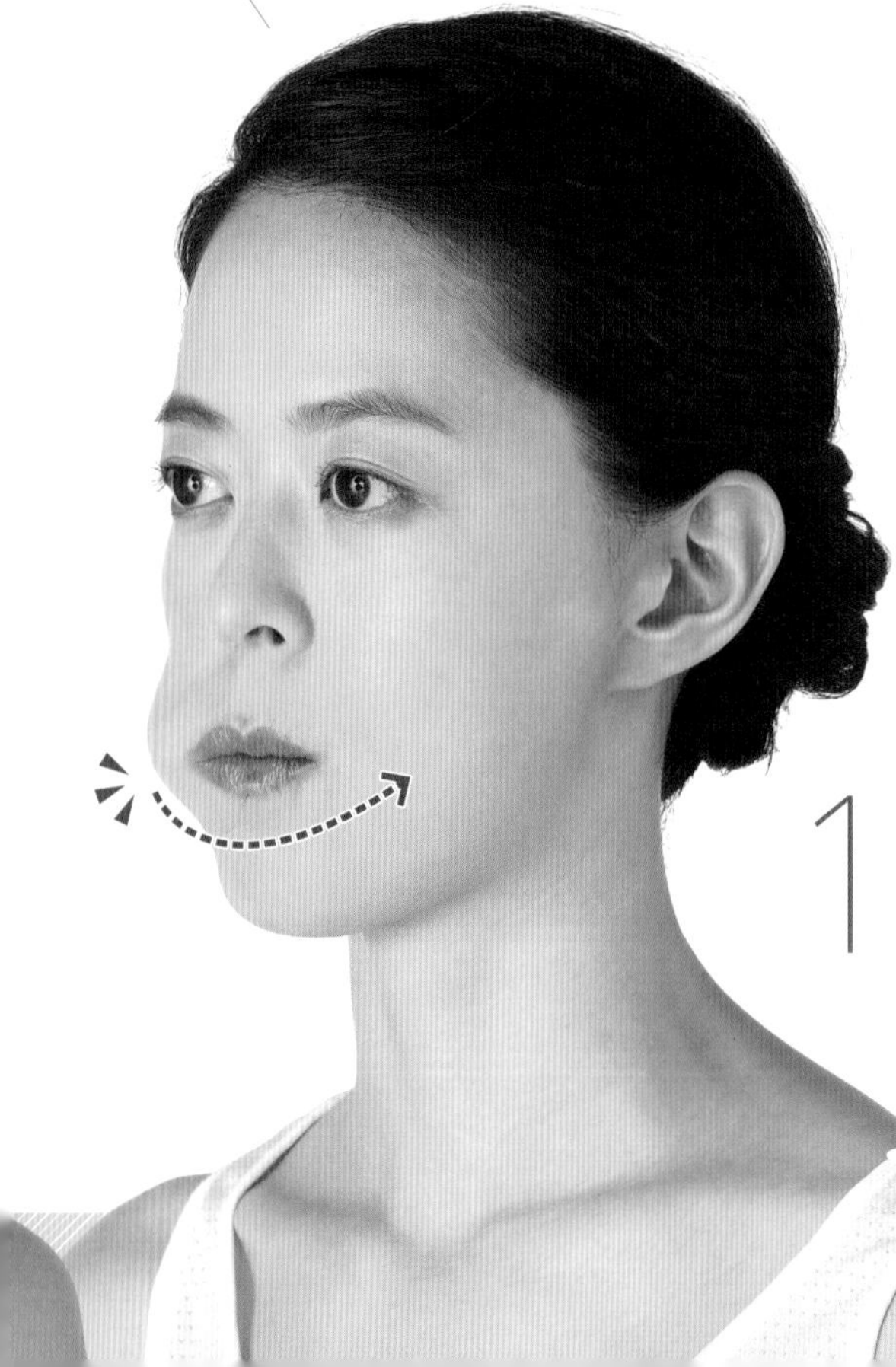

ready
姿勢を正して座ります。

1 口を閉じた状態で、一番奥の奥歯から、反対側の奥歯まで歯茎をなめるように、舌を左右に動かします。

NG

猫背にならないように。姿勢が悪いと効果が半減

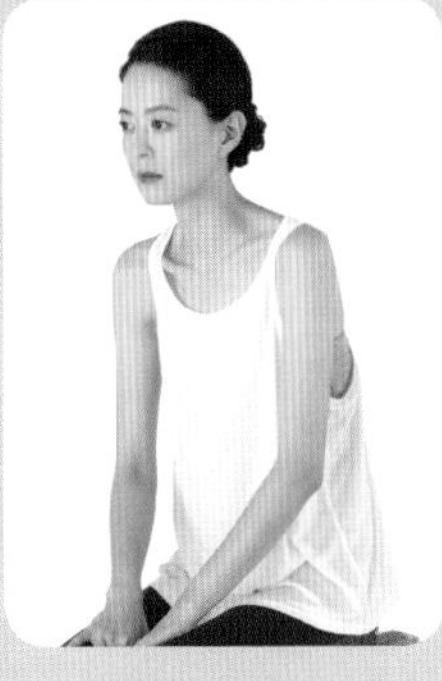

POINT

少し舌が疲れてくるくらいの回数が理想。
3往復で疲れないときには10往復まで増やしてOK

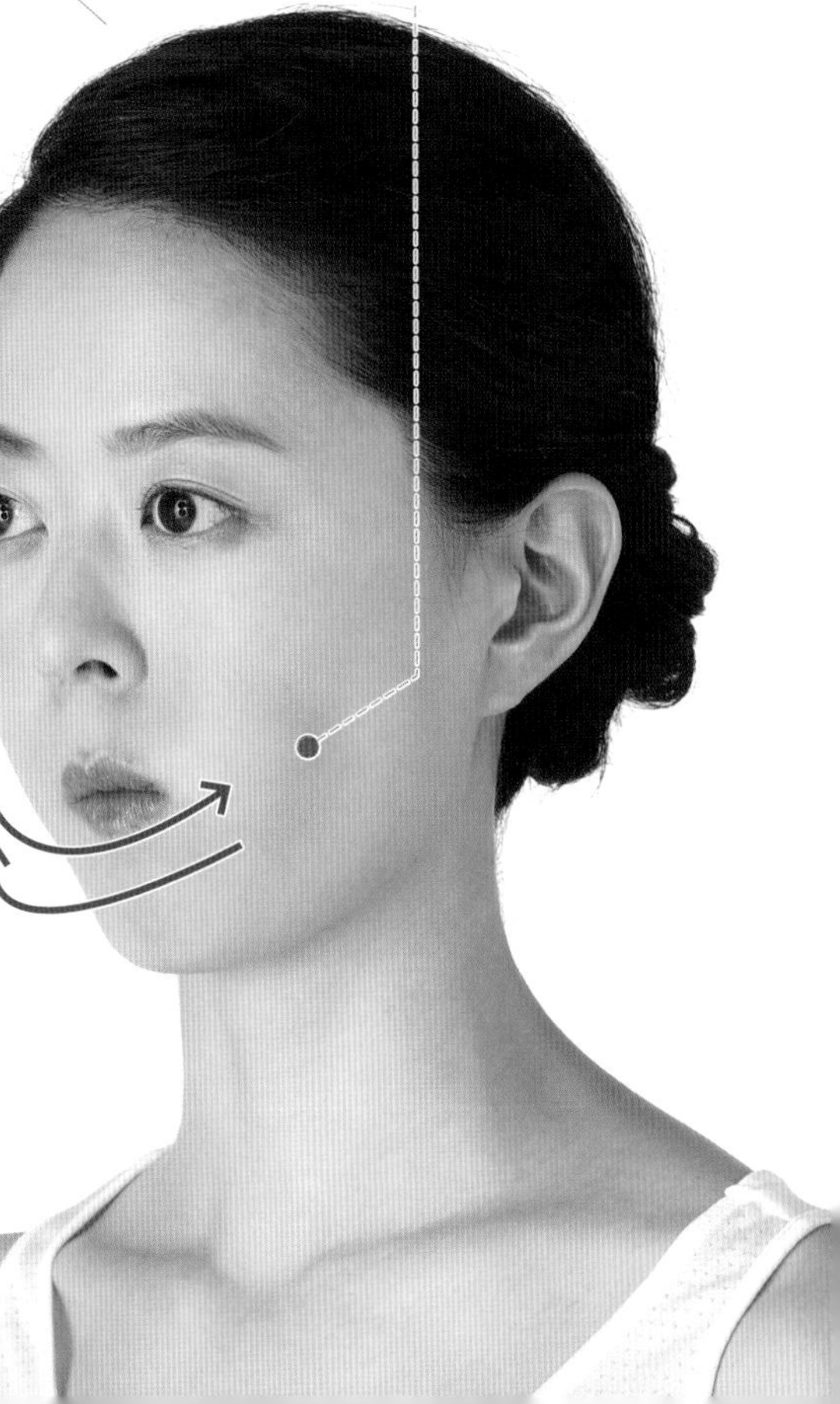

意識!

ゆっくりと一番奥の歯から、反対側の奥の歯まで届くように、舌の動きを意識します

2 左右に3往復を、上の歯、下の歯をそれぞれで行います。

1日2回まで

マスクしたままでもできる

ほうれい線退治!

顔面整頓 4

# 口なか大回転

| 刺激されるおもな筋肉 | 口輪筋　舌筋　上・下舌骨筋 |
|---|---|

気になるほうれい線の解消には、口腔内から口周りの筋肉に刺激を与えます。とくに口輪筋がしっかり働いていることを意識します。フェイスラインに効果があるのはもちろん、舌を動かすことでリンパの流れが改善します。

ready
姿勢を正して座ります。

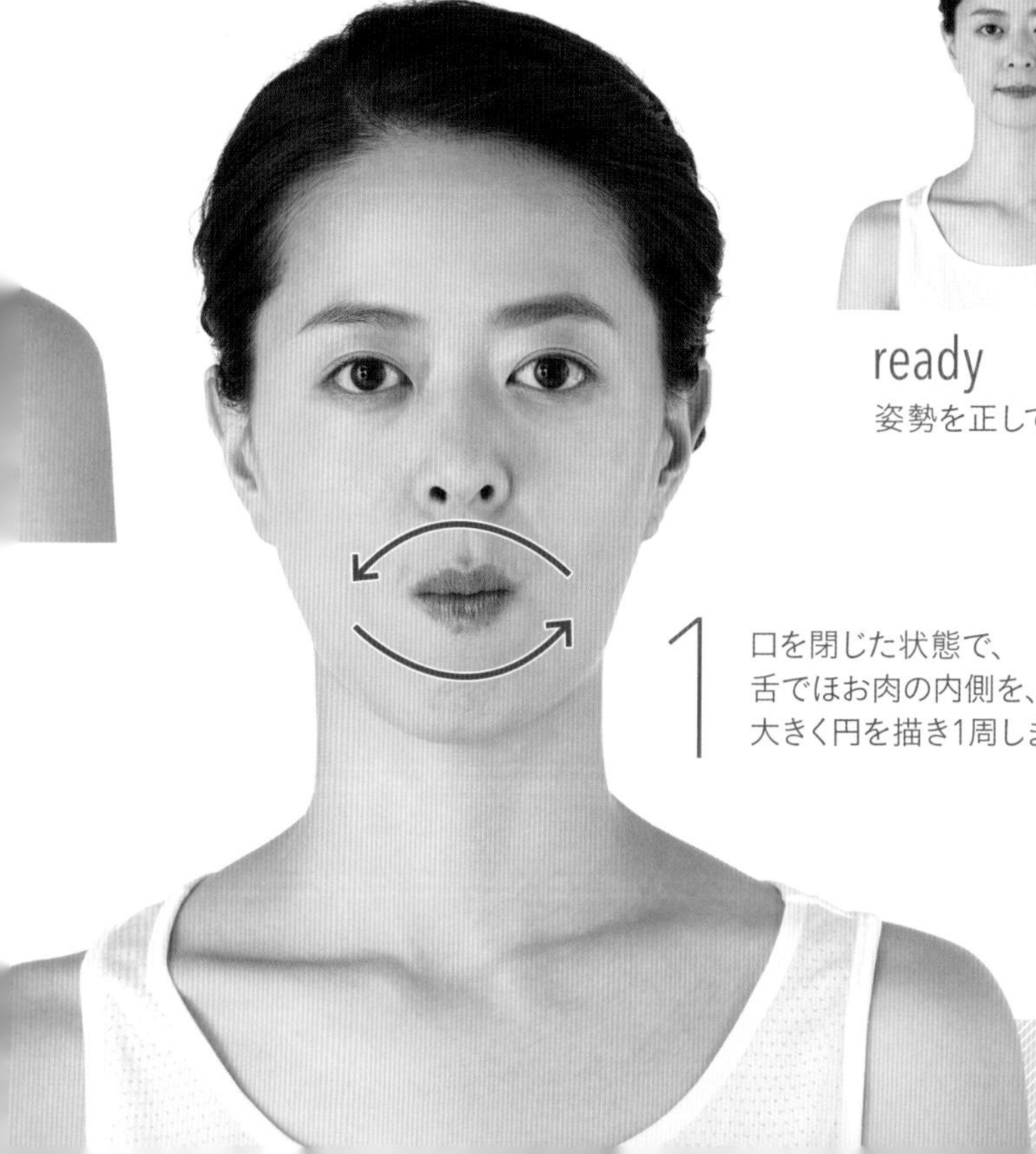

1 口を閉じた状態で、舌でほお肉の内側を、大きく円を描き1周します。

意識！

舌でぐいぐい
押されてほおの
内側がストレッチ
されるイメージ

意識！

舌をダイナミックに
動かしてシワを
内側から伸ばす
イメージで

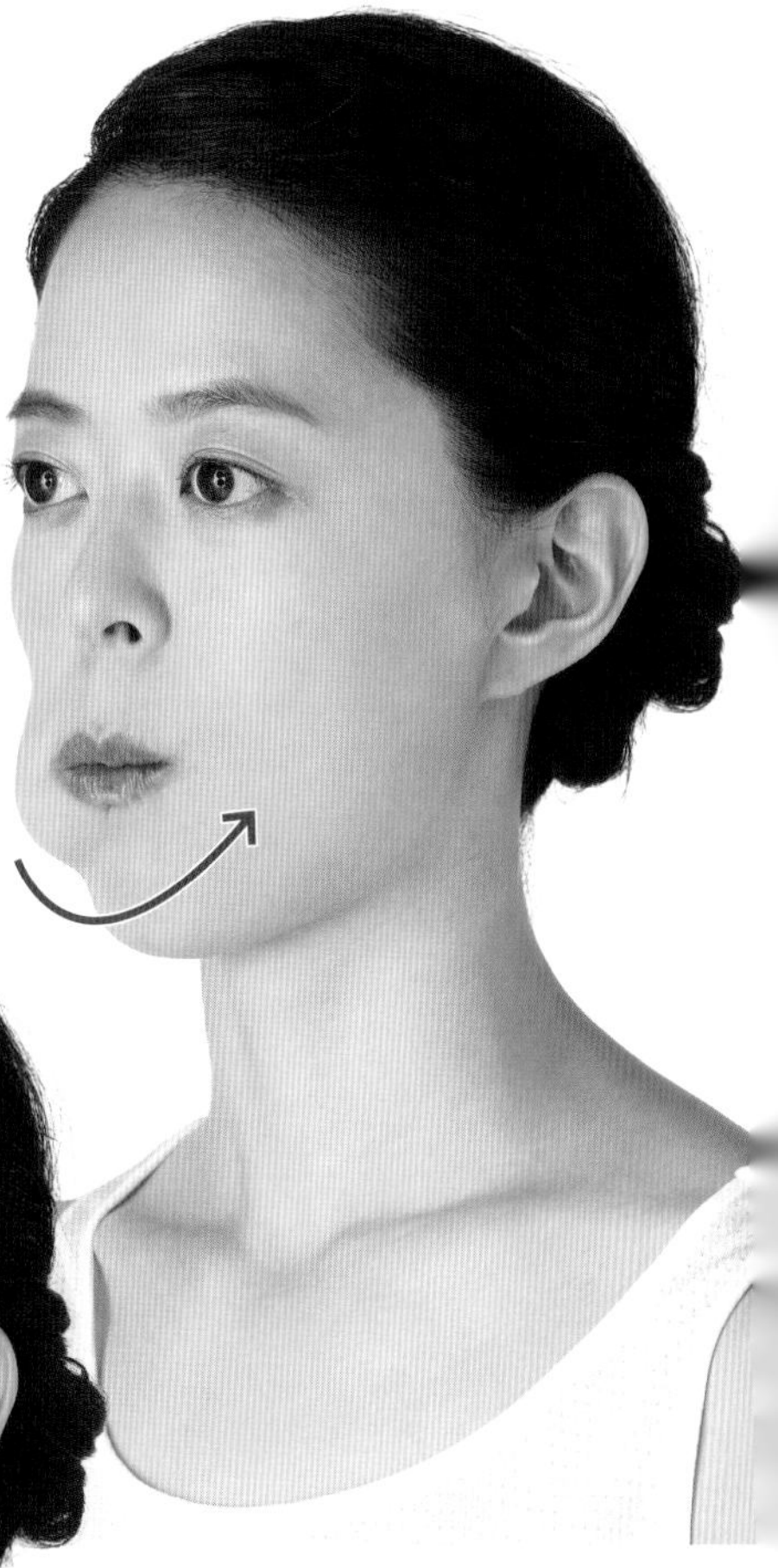

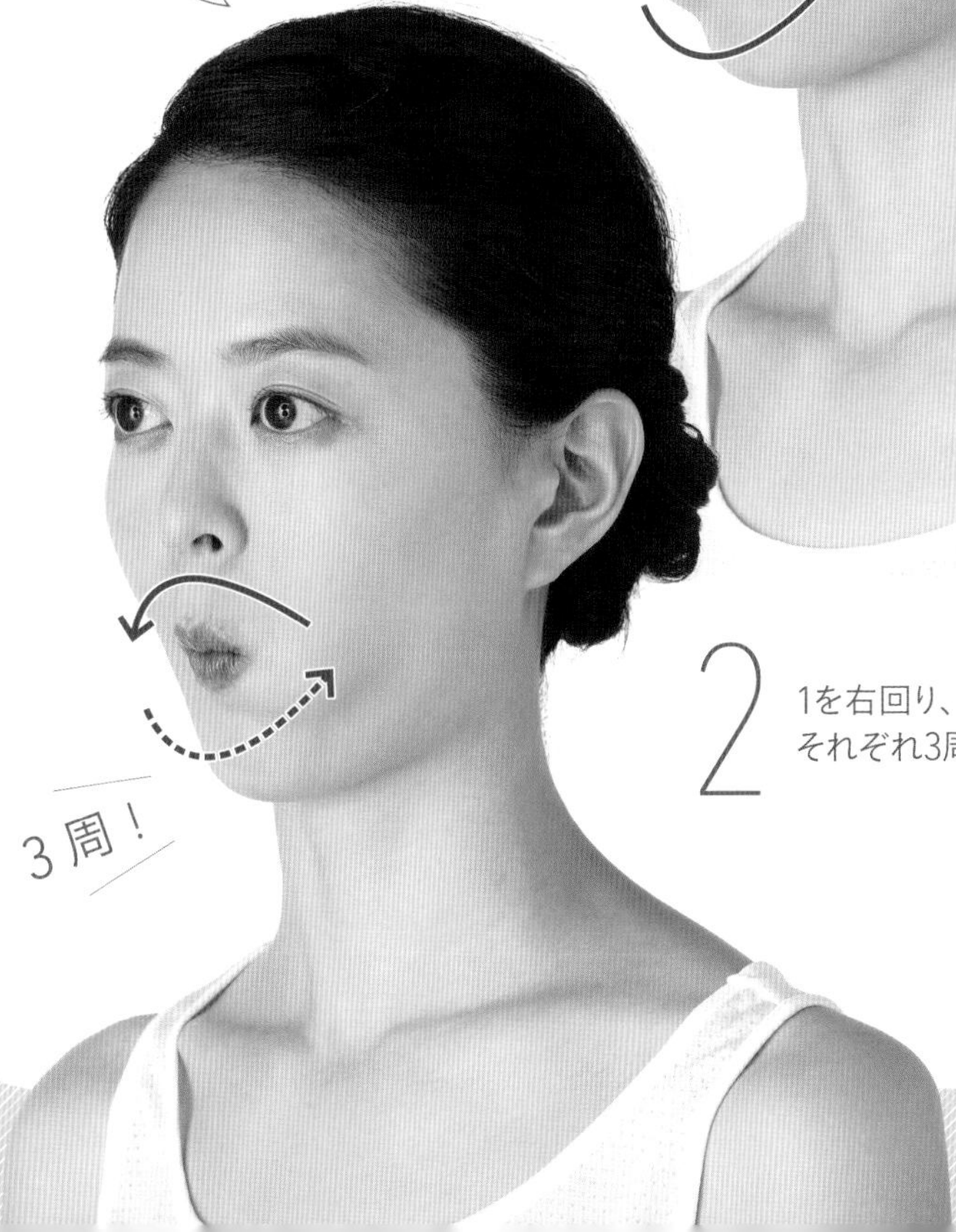


## 2

1を右回り、左回り
それぞれ3周行います。

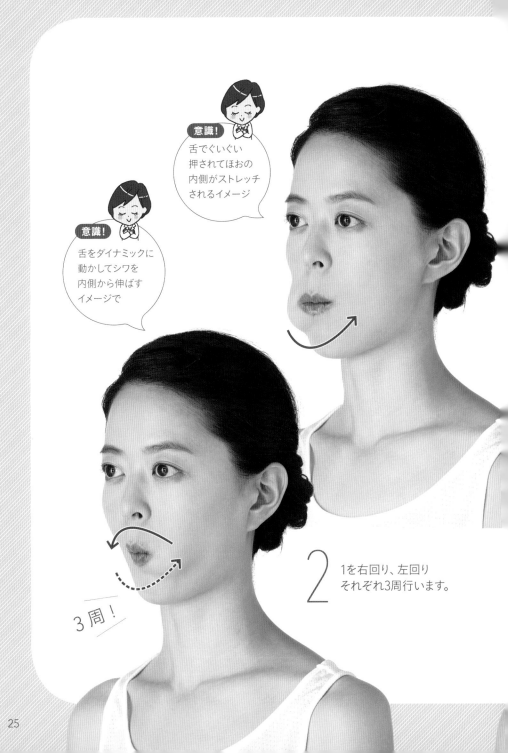

1日2回
まで

マスクしたままでも
できる

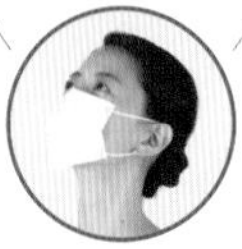

二重あご決別!

顔面整頓 5

# 連続ごっくん

| 刺激されるおもな筋肉 | 舌骨上筋群　舌骨下筋群 |
|---|---|

3回の連続ごっくんが意外にむずかしいという人も多いはず。舌の動きに密接に関係している舌骨上・下筋群の働きは、二重あごや首のシワの解消にはもちろん、嚥下機能を改善し、誤嚥から始まるさまざまな病気を防ぐことにもつながります。

ready
姿勢を正して座ります。

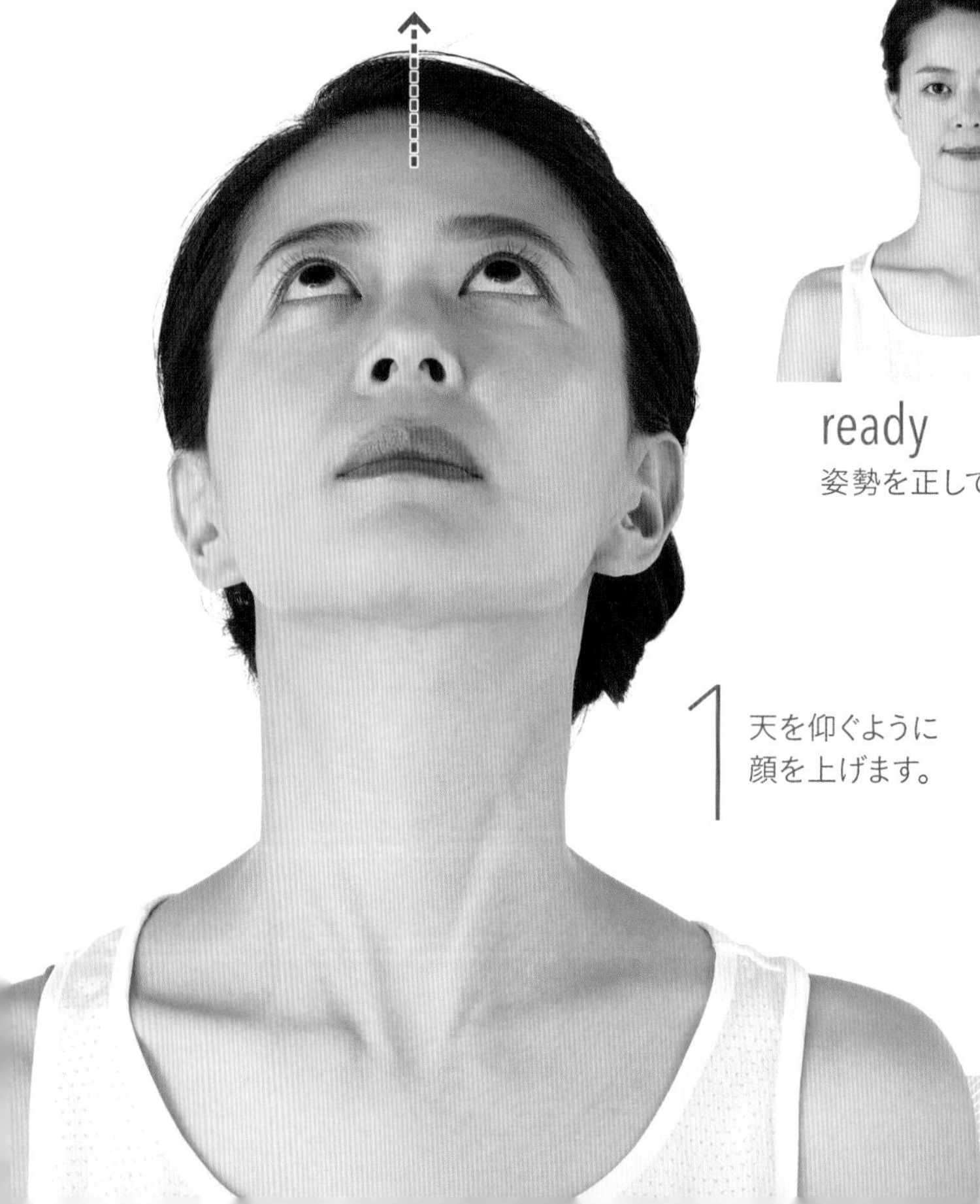

1 天を仰ぐように
顔を上げます。

NG

顔を上げすぎなくてOK。
転倒しないように

POINT

首が痛い人は行わない。
痛くない範囲まで上げる

POINT

電車の中でも
ラクラクできる。
頭の上げすぎに注意

2 「ごっくん」と音が鳴るくらい、飲み込み動作をします。大きく3回連続で。

3 脱力して顔を正面に戻します。

意識！

「ごっくん」と大きく
3回飲み込むのが
ポイントです。
できない人も練習で
できるようになります

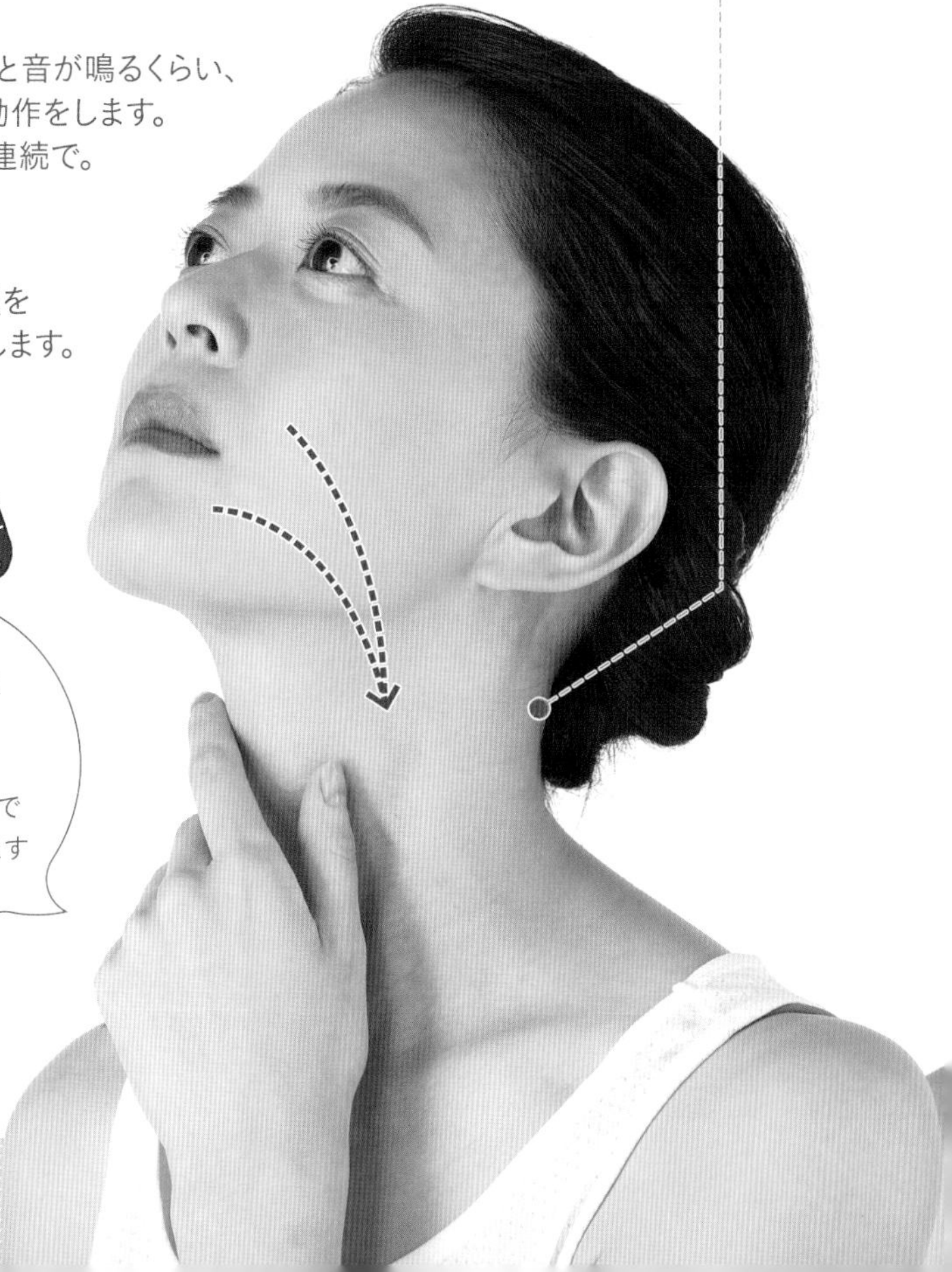

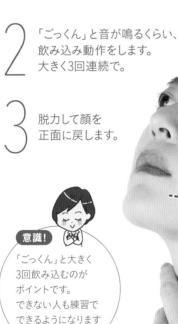

たった1分、簡単すぎる顔面整頓で
女性たちの身に、こんな変化が!

# 体験者の声

たくさんの体験談から、一部をご紹介します!
さぁ、次に実感するのはあなたです。

太ったせいですっかり変わってしまった人相。すべてをデブのせいにして現実逃避していましたが、首の治療に行ったときに先生から割り箸エクササイズと舌回しの宿題を出され、翌週の治療日までやってみることに。1週間も待たずに口角に効果が。口角がグイイと上がるようになりました。

簡単すぎて心配になるようなあの動きだけで今まで意識したこともなかった筋肉が動くようになるとは驚きました。そして舌回し。あごと首のさかいめが怪しい肥満体がやっても……と投げやりでしたが、2日目で思わぬところに先に効果が出ました。滑舌です。昔から悪かった滑舌が、絵本の読み聞かせでまったくかむことなく「お母さん今日読むの上手」と言われるほど。それに気を良くして舌回しを継続していると……1週間ほどで、ハイネックを着たときの顔周りがスッキリ。体重は1グラムも減っていないのに。早くマスクを取ってこの変化を披露できる日がくるといいなぁ。

(45歳)

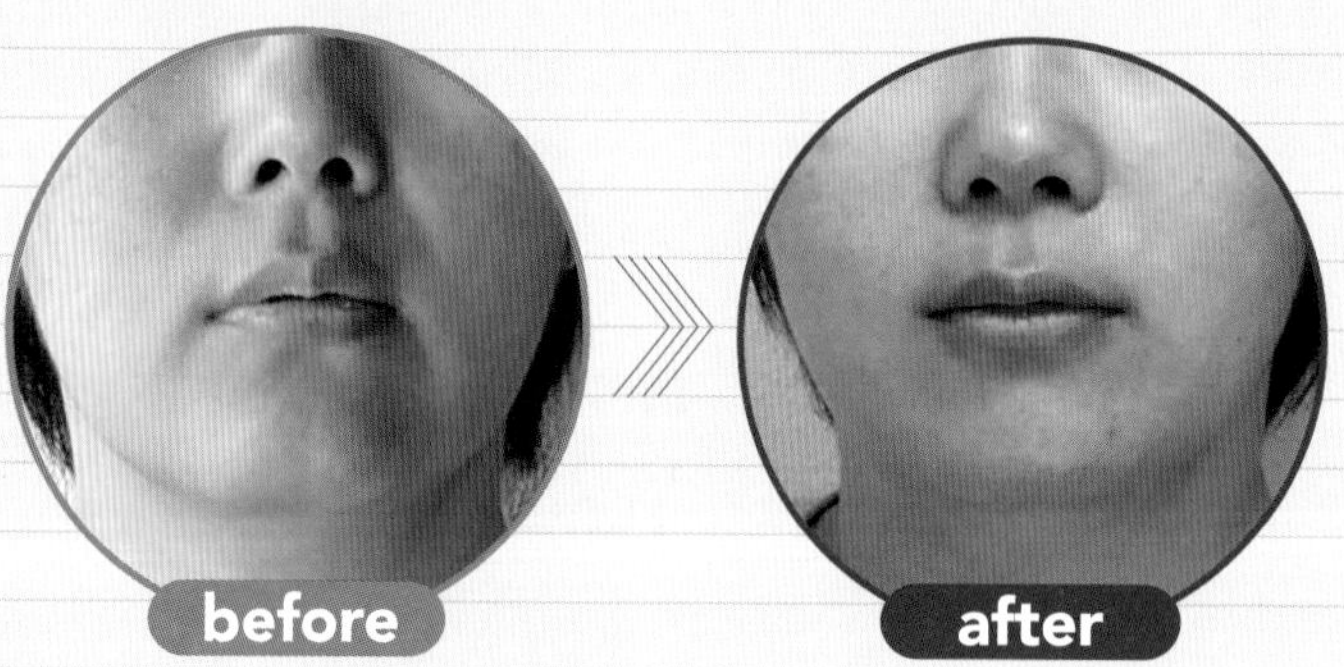

あごの痛みの解消のために教えてもらった割り箸エクササイズ。朝晩やっていると歯の噛み合わせが変わりあごがラクになりました。顔の左右差があまり気にならなくなってきました。　（54歳）

歯科矯正の後なんだか顔が伸びた気がしていたとき、教えていただいたエクササイズをやってみました。3週間続けたら顔がちっちゃくなりました。とくにあご周りがシャープになって以前の自分に戻れた気がします。　（47歳）

何のおまじない？ってくらい簡単な割り箸トレーニング。はじめはピクリともしないし、正直疑ってましたが、翌日、筋肉を感じられ、3日目くらいには口角がこれまでより1段階上がるように！普段仏頂面の夫にもやらせてみます！　（46歳）

ほおのたるみと、表情のクセで、不機嫌そうに見られていました。先生から「への字口になってる!」と注意され一念発起。1週間ほどエクササイズを続けると、垂れてきたフェイスラインが上がっている! 周囲からも「目が大きくなった」と言われるように。3週間で顔が締まり体全体の筋肉もしっかりしてきました。「引き締める」という意識と、首の歪みが取れたことも原因かもしれません。

周囲に「なんか良いことあった?」と言われると「そんなにつまんなそうに見えてた?」と苦笑いですが、「きれいになった」と言われるのは本当にうれしいです。3週間でこれだから、半年、1年続けたらどうなるんだろう?これからも歯磨きのように日課として続けます!　（38歳）

たるみもですが、肩こりが減りました。そして目! まぶたが開けやすくなりました。すごい、なんで~!?　（58歳）

割り箸を使うエクササイズだけやってみました。口元のゆるみが締まってきました。　（50歳）

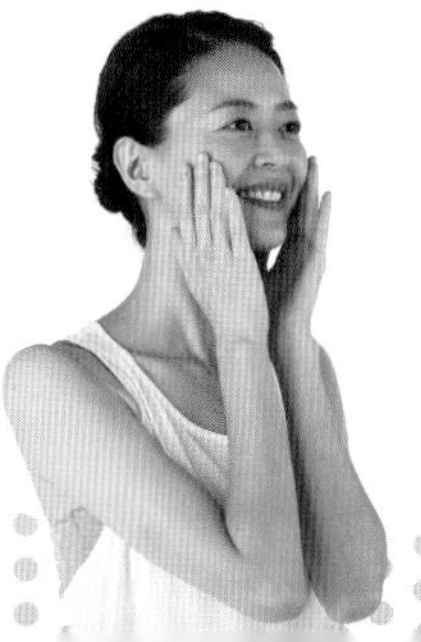

# Contents

chapter 1

# 「これもたるみ？」こんな症状に要注意！

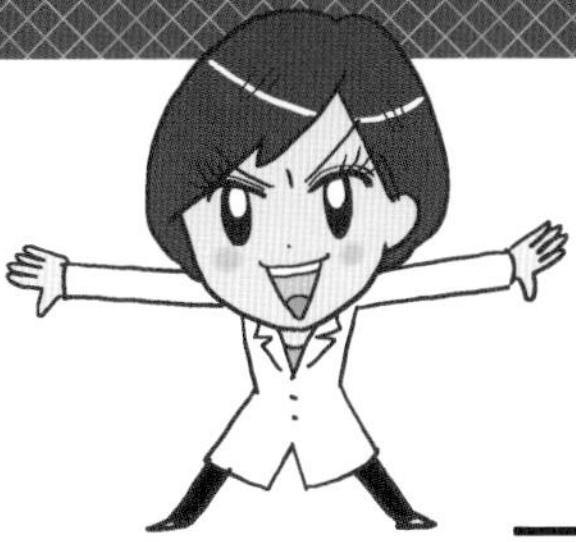



chapter 2

# たるみが生まれる6つの物語



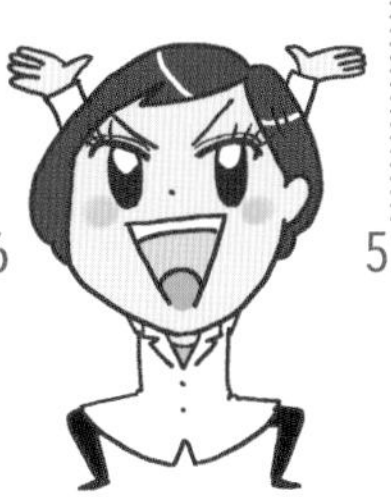

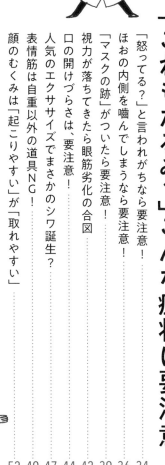

Contents

## chapter 3 さぁ、顔面を整頓しよう




カバーデザイン
萩原弦一郎
（256）

本文デザイン
野口 佳大

構 成
MARU

イラスト
なとみみわ

撮 影
金田邦男

モデル
AYANO
（サトルジャパン）

ヘアメイク
三輪昌子

編集協力
乙部美帆

編 集
橋口英恵
（サンマーク出版）

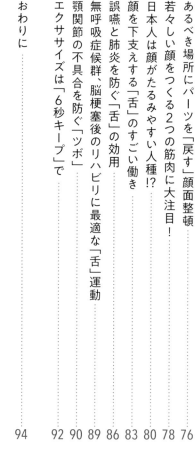

chapter 1

# 「これもたるみ？」こんな症状に要注意！

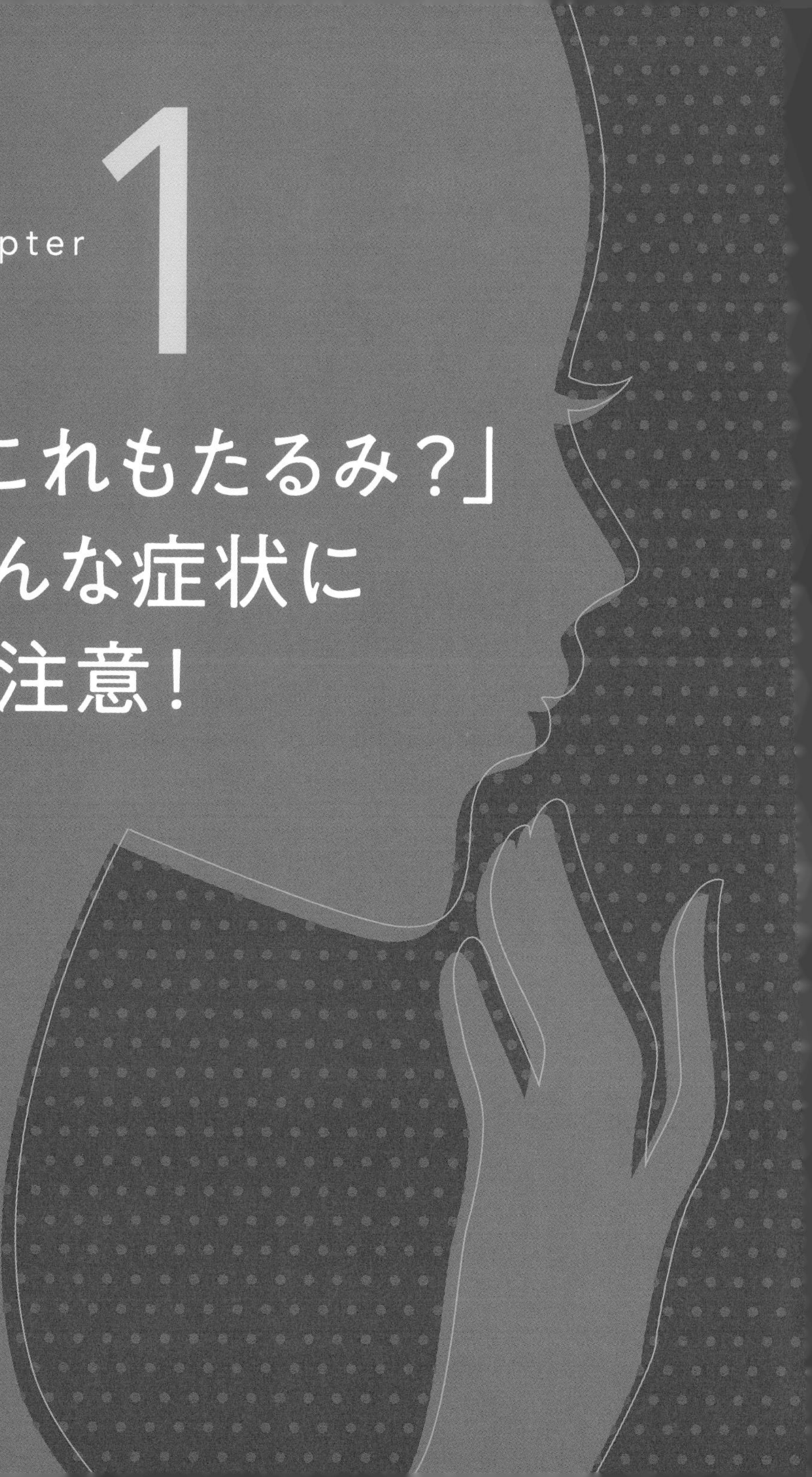

# 「怒ってる？」と言われがちなら要注意！

人のお顔の印象はじつにさまざまです。

柔和な表情の人、怒っているように見える人、幸薄そうに見える人、悲しそうな人、いつも笑っているように見える人。

**よく、「なぜか普段から真顔が怖いと言われる」「『怒ってる？』なんて聞かれる」という人がいますが、私にいわせれば、それは表情筋が使えていないひとつのサイン**。老けて見える「たるみ顔」へまっしぐらの入り口です。

動かしていない表情筋は、年齢を重ねていくと、シワや顔のたるみにつながります。

表情筋が動くということは、うれしかったり驚いたり、悲しんだりと、心が動くということと密接なつながりがあります。

ですから私は、シワやたるみは、心の状態そのもの、心の状態こそ、顔を決めていると思っています。人とかかわり、言葉を交わし、心を動かすことは、それだけでも表情筋の筋トレになります。

普段から人に会って、会話をしたり、見られるお仕事をしていたりする人は、表情筋を動かしている人。だから、年齢よりもはつらつと見える方が多いですよね。表情が豊かで自然なリアクションをとることもできる。イキイキとした印象を人に与えます。

そんな人は、普段笑っていないときの表情も、目はぱっちりくりっとしていて、口角は今にもしゃべりだしそうな上向きのカーブを描いています。ほおは上がって、顔全体を持ち上げ、艶を生み出しています。

でも、みんながアナウンサーでもテレビに出るタレントというわけでもありません。普段はデスクワークが中心、そう人と話す機会もない。そんな人も多いわけです。もともと表情筋をしっかり使えていなかったのに、それに輪をかけるかのように訪れたのが、ウイルス感染拡大防止のための新しい生活様式でした。

テレワークでそもそも人に会う回数が減り、会話をする時間が減り、外出時のマスク着用がエチケットになってしまった今、**人に見られることのないマスクの下**

**——そしてここは顔の中でとても重要な表情筋が多数存在する場所なのですが**

――**は、危機に瀕《ひん》しています**。

表情筋がこれまで以上に使われなくなってしまったのですから。

怒っていないのに怒っていると見られてしまう人の共通点は、口がへの字（ほうれい線がくっきり）で、眉間にシワが寄っていて、目がきちんと開いていないということでしょう。

すでにそこに生まれている「たるみ」。マスクで隠している場合ではありません。たるみを加速させてしまうマスク生活のなかでも、適切なお顔の「筋トレ」をすることで、イキイキとした表情を取り戻すことができます。

## ほおの内側を噛んでしまうなら要注意！

現代人のたるみの原因は、大きく3つあります。

❶ 表皮の保水力が低下する

❷ 真皮層がたるんでいる

ります。

## ❸ 表情筋の衰え

ここに加えて、普段の筋肉の使い方のクセもたるみに大きく影響することになります。

❶の表皮の問題とは、「加齢によって保水力に変化が起こってしまうこと」。そして、❷の「真皮層がたるんでいる」とは、真皮層を構成している細胞どうしをつなぐ役割のコラーゲンやエラスチンといった成分が劣化したり減少したりして、表皮を支える力がなくなることを指します。そして、❸の表情筋の衰え。この3つがたるみの原因です。

お顔の筋肉、つまり表情筋の衰えのサインはいくつかありますが、わかりやすいサインが、**「ほっぺたの内側を噛《か》んでしまう」こと**。

これはたるみの合図といっていいでしょう。ほっぺたをよく噛むようになったら、それは顔がたるんできた、ということなのです。

ほっぺたは、外側は皮膚で内側は粘膜。その間に挟まれているのが、頬筋《きょうきん》という表情筋です。頬筋は深部にあり、いわゆる「ほっぺた」のほとんどを占めている筋肉で、浅い部分には大小の頬骨筋、笑筋があります。

この頬筋があまり使われなくなると、ほっぺたはゆるみます。それは外側だけでなく、内側も同じこと。だから、ほっぺたの内側を噛んでしまうという状況が起こります。

ちなみに、ほおの膨らみは人それぞれ違いますが、これは脂肪の量の差。ですから、脂肪の量が多いとほっぺたの内側を噛みやすいことになります。

私の患者さんでいえば、「ほおの肉を噛んでしまう」と言われるのは、50代以降が圧倒的に多いものです。**頬筋の働きが衰え、ゆるんだ結果、内側にも外側にもたるみが生じているといえます**。

それまでは、ほおや舌をたまに噛むことがあるという程度だったのに、テレビを見ながら、人と話しながら食事をしていると、つい噛んでしまうという場面が増えた、という方も多いのです。

一般的には、ほおの内側を噛んでしまう理由には、噛み合わせが悪くなっていたり、疲れていて注意不足であったりということがあげられます。ですが、噛み合わせが悪くなるというのもまた、加齢によるゆがみからくるものです。**歯と口**

**の動作がスムーズでないということは、口を動かすための筋肉も衰えはじめていると考えてまず間違いないでしょう**。

ほおの内側を噛むなら、筋肉のたるみのサイン、そう普段から言っているからでしょうか、「ほっぺたの内側を噛むようになったので、そろそろ美容鍼《ばり》かなって」と、来院の目安にしていらっしゃる方もいます。

**顔は、外側だけでなく内側もゆるむ**。この事実を忘れてはいけません。

「筋力がゆるんで脂肪と皮膚の土砂崩れ」が起きるその前に、土台となる筋肉を強固にすること。土台の土がゆるゆるだと、その上の脂肪と皮膚は一気に滑り落ちてしまいますから。

## 「マスクの跡」がついたら要注意！

あなたに忍び寄る「たるみ」。そのサインはこんなところにもあります。

家に帰ってほっと一息。**マスクを外したとき、顔にマスクの跡がついていたら要**

**注意です**。

ちょっとむくんでいただけ、とほうっておくのは危険。

あなたのマスクの跡は、じつはむくみではなく「たるみ」のサインかもしれません。

むくみとは東洋医学の考え方では、血流やリンパの流れが滞ることで、過剰な水分や老廃物がたまった状態を指します。五臓の機能がうまく働かずに、水分の流れが停滞してしまっているわけです。

若い人のマスク跡は、そのむくみによるものであることが多く、そもそも、マスクの跡もあっという間に消えていくでしょう。からだを動かして血をめぐらせることで跡がつきにくくもなるでしょう。

でも、年齢を重ねた肌におけるマスク跡はちょっと注意が必要です。

**年を重ねた肌のマスク跡は、真皮にあるコラーゲンやエラスチンなど、肌を構成する成分が劣化した「真皮層のたるみ」のサインでもあるからです**。

そう、年齢肌にあらわれる「マスク跡」は、むくみによるものと、そして真皮層のたるみによるもの、そのダブルサインともいえるのです。

むくみによってため込まれた水や老廃物は、その重さで、からだ全体を下へ下へと下げていきます。ほお、目の下の涙袋、ほうれい線、あご、首のシワ、バストトップ、そしてお尻……あっという間に、私たちは全身大崩落を迎えてしまうのです。

加えて、たまった水分や老廃物はからだを冷やし、万病を引き寄せます。

たるみは怖い。でも、たるみの前段階であるむくみも、本当に怖いものなのです。

**とはいえ、あわてて美顔器に手を出したり、エステに駆け込んでグイグイと強いもみ出しをしたりするのはおすすめできません。年齢を重ねた肌やからだに、「極端に大きな力」は危険だから**。

余計な力が加わることで、本来なかった「おかしなシワ」や、「皮膚のゆるみ」を生み出してしまうことがあるからです。

# 視力が落ちてきたら眼筋劣化の合図

パソコンやスマホが欠かせなくなっている現代は、近くにピントを合わせる生活が続いています。さらに、オンラインでの仕事のやりとりが増えた現在は、液晶画面を見続けるために、目の筋肉や目の周りの筋肉が固まりやすい状況が増えました。

眼球の中にある内眼筋のひとつである毛様体筋が疲れてこわばり、水晶体が伸び縮みしにくくなります。急激な視力低下や老眼につながることもあるのです。近くが今までよりぼやけて見えるようになったという人や、オンラインの仕事による目の疲れには要注意です。

視力低下や老眼発症にともなって起きているのが、眼球の向きを変えるのに使われる外眼筋の血流不足と機能の低下です。**目の血行が悪くなるということは、当然、目の周りにも血行不良が起き筋肉が衰えるということ**。目の周りの筋肉が衰えると、目の下がくぼんだり、くまができたりして、たるみを生み出します。

**さらに、まぶたを上げる筋肉（眼瞼挙筋《がんけんきょきん》）が衰えると、目が開けづらくなる眼瞼下垂が起き、目がどんどん小さくなっていきます**。こうなると、目を頑張って開けようとする結果、額にシワが寄りはじめます。あの、いや〜な額の横ジワの誕生です。

不自然な筋肉の使い方によって、スパイラルのように顔面崩壊が進んでしまうのです。

また、日々の何気ない習慣にも落とし穴がひそんでいます。**たとえば、普段からハードコンタクトレンズを使っている人の眼瞼下垂は、非使用者の約20倍にもなるという研究結果もあるほどです**。

これは、毎日コンタクトをつけたり外したりする際に、上まぶたを強く引っ張って伸ばしてしまうことと、コンタクトレンズを装着した状態で目の筋肉に摩擦や余計な力がかかることなどが理由といわれています。コンタクトレンズだけではなく、ゴシゴシ洗顔をすることも悪影響を及ぼします。

老眼にせよ、コンタクトレンズにせよ、問題なのは、目への負担が加わることで、視力が落ちるだけでなく、目の周りのたるみが進行していくということ。

目の周りの老化は、外見においても、生活の質の上でも影響が大きいもの。目と目の周りの筋力を取り戻さない限り、健やかな生活すら失ってしまう恐れがあるわけです。

## 口の開けづらさは、要注意！

「マスクを使うようになってから口が開けづらくなった」

そう言って治療室に駆け込んでくる人が増えました。

**マスクをすることで、ゴムに圧迫されて耳周りの血流が低下し、すぐそばにある顎関節周辺の血流低下が起こります**。すると、ものを噛むときに働く咬筋《こうきん》をはじめとする咀嚼筋《そしゃくきん》などのこわばりにつながり、その結果、顎関節のトラブルを引き起こすことも考えられます。

口が大きく開けられない、口を開けるとあごがひっかかる感じがする、食べ物を噛んだときにあごに違和感がある……このような症状は顎関節にトラブルが起こっているサインですが、口を開けるとき、閉じるときにバキバキと音がするというのはかなり重症です。こうなると顎関節症を引き起こしている状態ですが、これらは、頭、首、からだのゆがみから起こる症状でもあります。

症状のある患者さんのお話を聞いてみると、その中の数名は、テレワークになってホームオフィスで仕事をしているという方でした。

会社のオフィスでは、きちんとしたデスクとしっかりしたオフィスチェアを使って姿勢を保つことができますが、自宅では取り急ぎ準備したデスクやチェア、または、食卓の片隅でという方もいます。座椅子や座卓、リビングテーブルなどでは、からだを正しい姿勢に保つことが難しく、姿勢のゆがみで背骨がねじれ、巻き肩になっていきます。

前傾姿勢が続くことで、肩甲骨周辺の筋肉がうまく使えなくなり、4つの咀嚼筋のひとつである、外側翼突筋がこわばり、口がうまく開かなくなることもあります。

**在宅ワークは、オフィスと違って人に見られていないぶん、緊張感が薄れ、から**

**だはどんどんゆがみを起こす体勢に変化しがちです**。重たい頭を支えることができずに、あごが前に出て、必然的に顔にもゆがみが生じていたのです。

このような原因でお顔にゆがみが生じた状態で、お顔のストレッチや運動を行うと、ゆがみがさらに大きくなることもあります。

口の開けづらさは、あごを開け閉めする口周辺の筋肉の動きがアンバランスになっているということ。アンバランスな筋肉の動きは、口元やほおの輪郭など、顔の左右差を生み、たるみの原因をつくることになります。

普段からどちらか一方で噛んでいたり、荷物をどちらかの肩に持っていたりといった、日常生活での姿勢が影響していることは多いものです。

突然、こぶとり爺《じい》さんのこぶのように垂れ下がることはありませんが、鏡で自分の顔の左右差に大きな変化がないか、確認する習慣は大切です。

# 人気のエクササイズでまさかのシワ誕生？

私の治療院にいらっしゃる方は、上は86歳。診療メニューには小児鍼もあり、下は0歳と、じつに幅広い年齢の方のからだに向き合っています。

美容鍼も、10代から70代まで、幅広い年齢層の方に行いますが、女性ばかりではなく、男性の患者さんも多いのが特徴です。「人前で話す機会があるから、顔をすっきりさせたい」というオーダーも多々あります。

幅広い年齢層のお顔を拝見していると、年代ごとの肌の違いを痛感します。やはり20代や30代のお肌は、まさに打てば響く肌。すぐに効果があらわれます。これは肌の皮膚構造に劣化がなく、表情筋がしっかり動き、表情のクセがあまりないということなどいろいろな理由があります。一方、年齢を重ねた肌は、この反対。鍼の打ち方も当然変わります。

40代、50代の女性たちの話を聞いていると、「やらなければよかった」という後悔を見聞きします。流行《はや》っているケア方法を自己流で取り入れたり、お安いクーポンでエステに通ってみたり、さほど考えたり試したりすることなく、安易にケアをしてしまったことで、本来なかったはずのたるみやシワが、今になって生まれていることに気づき、愕然《がくぜん》とするのです。

10代の若者のトレーニングに70代が取り組むのは危険なのと同じように、年齢を重ねた肌にスパルタトレーニングは絶対に危険です。

私は普段から、さまざまなたるみケアを研究し、よさそうなものを自分で試したり、スタッフに試してもらったりしながら、年齢に応じたエクササイズを開発してきました。治療院を訪れる患者さんにもお伝えし、実際に取り組んでいただいています。

私はカイロプラクターでもあるので、筋肉の構造や働きについての知識をベースに、年齢に応じたケアをかなり絞り込んでから、自分で試しています。

とはいえ、それでも大失敗をしたこともあるのです。

動画サイトで人気になっていた「たるみエクササイズ」をやってみたところ、目の下にシワが生まれてしまい、その後ずいぶんの間取れなくなってしまいました。

これは、そのエクササイズそのものが間違っていたということではありません。効果が出る人も多いでしょう。でも明らかに、私には逆効果。年齢に応じていないケアを私が実践してしまったということです。

年齢を重ねたら、安易な手段に手を出してはならない。

これを、私は常々患者さんたちにお伝えしています。筋肉や皮膚に関してはとくに、若い子と同じケアをしていると後々、取り返しがつかないことになりかねません。

## 表情筋は自重以外の道具NG！

大切なのは、年齢に応じたケアということに尽きますが、まず、重要なのが、お顔は基本的に、こすったり、強くもんだりしてはいけない、ということ。年齢を重ねた肌や筋肉は、強くこすったり、伸ばしたり、押したりするのは厳禁です。たとえ強くこすったり押したりしても、若いうちにはさほど変化はないでしょう。

ですが、続けていると、こすられた皮膚が伸びて弱り、多くは、60代くらいになってから状態が急激に悪化するのです。

たとえば、長年ゴシゴシとメイク落としをしてしまったり、目をこするクセがあったり、先述のようにコンタクトレンズ装着のために目の肉を引っ張ったりしていると、60代には眼瞼下垂になるおそれが強まるので要注意です。

また、世界にはすでに、たくさんの顔面トレーニングの方法や、顔を引き上げるための手法、器具が販売されていますが、選ぶときには「一部分だけに効果があるものは使わない」ということが鉄則です。必ず、お顔全体の筋力がまんべんなく使われる手法、器具をチョイスしなくてはなりません。

というのも、年齢を重ねた皮膚や筋肉はとてもデリケート。

そもそも、表情筋は、手足などからだを支えている骨格筋と大きな違いがあります。骨と骨との間をつないで関節を動かすよう働く骨格筋と違い、表情筋はその多くが、骨起点からの皮膚終点なのです。その特徴が、微妙で繊細な表情の動きをもたらしているのですが、そのぶん、表情筋はたるみやすく、たるんだ表情筋は皮膚を引き下げやすいのが現実です。

さらに、表情筋の中でも、上唇挙筋、大頬骨筋、小頬骨筋、笑筋、口角挙筋は「重力に逆らってついている」筋肉。これらは上に引っ張り上げる力を失うと、重力に逆らえずにたるみを生み出してしまいます。

年齢肌は部分的な負荷をかけすぎると、逆にシワができて元に戻らなくなったり、さらなるたるみの原因を生み出してしまいますが、それがこの、表情筋が骨格筋と違って「非常に繊細な筋肉だから」という特徴に起因しているのです。「よかれと思って」「もっと早く効果を出したくて」と、顔に負担をかけすぎるのは、40代後半から50代、60代がもっともやってはいけないことです。

これらのことを踏まえて、私がたどりついたエクササイズが本書の中でお伝えする4つのプレエクササイズと5つの顔面整頓。どれもじつにシンプルなものだけです。

たくさんの種類のエクササイズは必要ありません。適切に、そして日々ていねいに行っていただくことで効き目を確実に実感していただける抜群の方法です。

## 顔のむくみは「起こりやすい」が「取れやすい」

むくみのケアというと、多くの方がマッサージなどを思い浮かべると思いますが、むくみが慢性化していて、またすぐにむくんだり、押された皮膚がなかなか元に戻らない、という状態は、心臓や腎臓、肝臓などの働きがすでに低下しているおそれがあります。むくみはいわば体内からのＳＯＳです。

寝起きやお酒を飲んだ翌日の顔のむくみ、また、睡眠不足や、反対に寝すぎたりしたときの顔のむくみは、鏡を見て思わず目をそむけたくなるものですが、**じつは顔のむくみとは、「起こりやすく、引きやすい」**ものでもあります。

というのも、**からだじゅうに存在するリンパ節の、なんと4分の1は、首から上にある**のです。顔は、むくみを排出してくれるリンパ節に密接した、本来なら ば「むくみを排出しやすい」場所なのです。

たとえば、ふくらはぎのむくみは、歩いたり運動したりすることによって、筋肉を動かし「水はけ」をよくすることで解消されます。ふくらはぎは、第二の心臓とも呼ばれる、血液を下半身から上に上げる、ポンプ機能を果たしているとご存じの方も多いことでしょう。では、お顔はどうでしょうか。

お伝えしてきたとおり、顔の筋肉、つまり表情筋は非常に小さく微細な筋肉です。周辺に集まるリンパ節の働きをよくすることで、むくみの解消をめざします。

本書でご紹介する5つの顔面整頓を行う前には、リンパの流れと血流をよくするために、肩甲骨周りをほぐし、舌を動かすことが効果的です。

本書では、顔面整頓の前の4つの「プレエクササイズ」をご紹介しました。顔面整頓は、うまく筋肉が動かせない人も多いでしょう。これは、表情筋を意識的に動かすことに慣れていない証拠です。このプレエクササイズは、そんな「眠った表情筋」を起こす目覚まし時計。お顔周りの筋肉が動くようになります。

## 顔面整頓の前の4つのプレエクササイズ

### ❶ くるくるペンギン

肩甲骨を寄せ、手のひらを床と平行にしたペンギンのような姿勢で腕を回すことで、肩周りの血流をアップさせます。

**❷ べーべーカメレオン**

舌をカメレオンのように「べー」と下に伸ばします。伸ばしきって6秒キープしたら、今度は舌を曲げ、上あごの奥に押し当てます。リンパと首周りの血流がアップします。

**❸ 割り箸ライオン**

割り箸を、犬歯のひとつ奥でくわえます。「いー」とほおを持ち上げた状態で、首をゆっくり左右に回します。割り箸を犬歯の奥に挟むのは、顎関節のポジションを正すため。牙を持つライオンが、狩りをしようと、獲物をじっくり左右を見渡し探しているイメージで行います。ほおの筋肉を呼び覚まします。

**❹ ねっとりネコまぶた**

目の周りの筋肉と、ほおの筋肉に働きかけます。あくまでも、上まぶたと下まぶたとを静かに押しつけあうようなイメージで。ネコがゆっくりとまばたきするように。

# chapter 2

# たるみが生まれる6つの物語

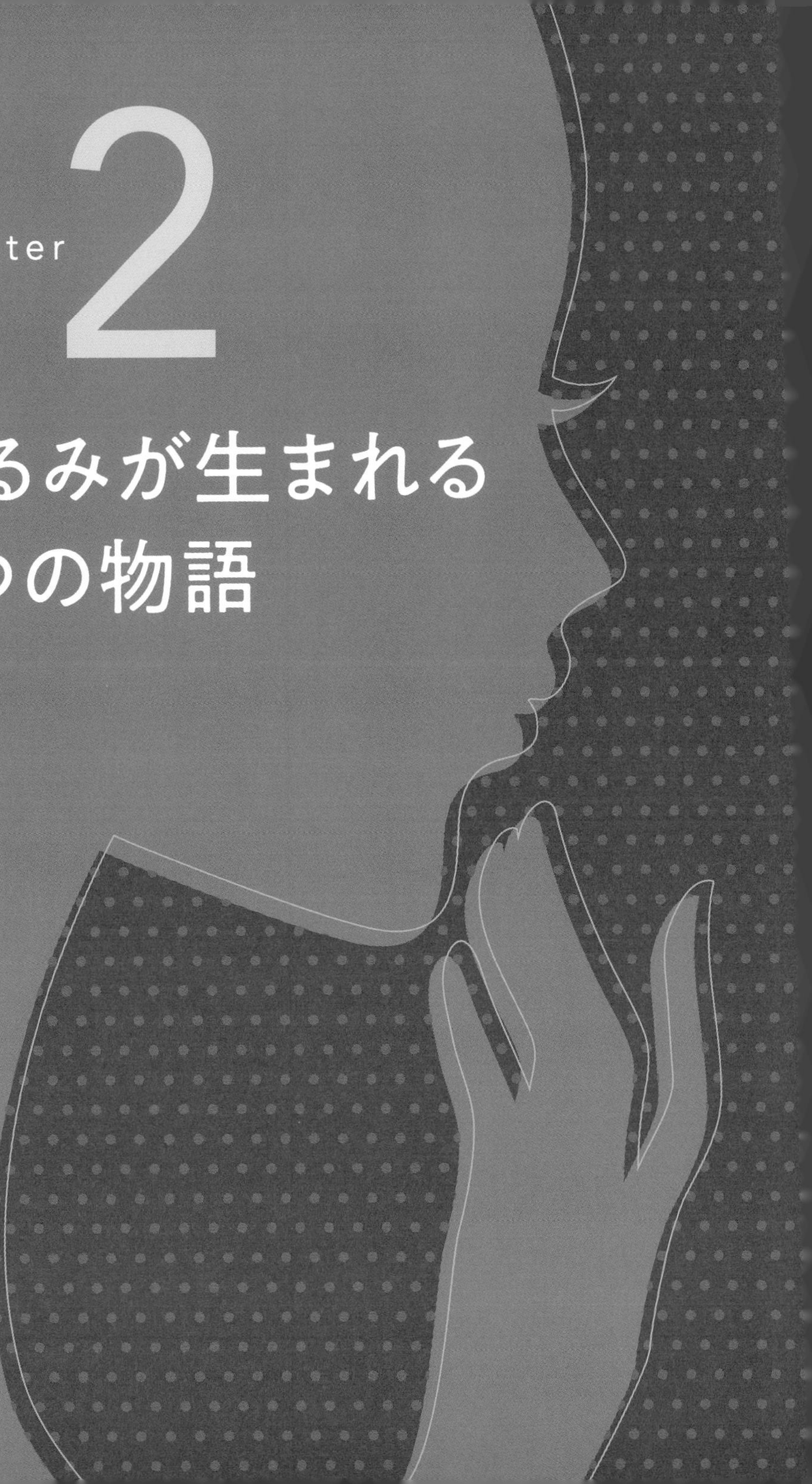

## マスクの下で「枯れていく」!?

加齢によるたるみの3大原因について、前章でお伝えしました。

❶表皮の保水力が低下する
❷真皮層がたるんでいる
❸表情筋の衰え

加齢による顔のたるみは、大きくこの3つに集約されますが、より注意が必要なのが、マスク生活によって、❶の「表皮の保水力の低下」が進行しやすいということです。

「あの人枯れてるね」なんていう、ネガティブな表現がありますが、この「枯れる」という表現は、ある意味言い得て妙。東洋医学の視点で考えても、水分不足は、老化現象そのもの。水分不足によって、皮膚構造の乱れが進行してしまうのです。

からだに占める水分量は、胎児では体重の90%、新生児になると75%、子どもは70％、成人では65％ともいわれていますが、高齢になると50％まで下がります。

この圧倒的な水分不足は、身体機能の低下によるもので、仕方がないことでもあります。喉の渇きを感じる機能が衰え、腎臓の働きが弱ることで、体内の水分の再吸収を妨げられた結果、年を重ねるほど、からだは水分が不足しがちになります。意識して水分を摂るだけでも水分量は増えますから、なるべく水分補給をこまめに行う必要があるのです。

そして、大切なことがもうひとつ。

**マスクをしているとマスク内の湿気によって体内の水分不足を感じにくくなります**。それによって、今は子どもですら水分不足に陥っている状態なのです。

厚生労働省でも、今年は熱中症予防行動のリーフレットをつくり「のどが渇いていなくてもこまめに水分補給をしましょう」と伝え、1時間ごとにコップ1杯の水を飲むことを推奨していました。

冬になってくると、それでなくとも水を飲む回数が減りがちですから、毎日気をつけて水分補給をしていく必要があります。

**からだの水分量を増やすのに、外からの水分補給と同じくらい必要なのが、基礎代謝量を上げることです。**

人は食べたものを消化してエネルギーに変えるとき、エネルギーと一緒に水を生成しています。これは「代謝水」と呼ばれます。老化によって基礎代謝量が減ると、この代謝水も当然減っていくので、加齢とともに、細胞内の水分は減っていることになります。

基礎代謝量を増やすためには運動です。

体内の水分は、血液やリンパ液など水のように流れる「細胞外液」と、筋肉や臓器などに含まれている「細胞内液」とに分かれます。諸説ありますが、細胞内液は細胞外液の約2倍ともいわれています。

一般的には、脂肪のほうがみずみずしくて水分を含んでいるように思われそうですが、細胞内液の中でも一番水分を含むのは、じつは筋肉。みずみずしい身体を保つには適度な筋肉が必要不可欠なのです。

からだに水分が戻ってくるとよいことはたくさんあります。

便秘なども解消されやすくなりますし、血管の病気を防ぐこともできるでしょう。

皮膚や粘膜を乾燥から守りうるおいを保つことができ、リンパの流れがよくなり、老廃物の排出がスムーズになります。

健康は筋肉が生み出すのです。たるみのないお顔も、みずみずしい表情筋から生まれます。

マスク生活は当分の間続くでしょう。顔がマスクの下で枯れてしまわぬよう意識して生活していきたいものです。

## 貧血やホルモンバランスの乱れでもたるむ!?

私の患者さんのお話です。40代中盤の彼女は、「最近体力がなくて、一日じゅうしんどい」と言いながらも、筋トレやピラティスに励み、鍼《はり》治療にもいらしていたのですが、どうも顔色は悪いし体調が悪そうです。

「なんだか最近たるみが気になって……」と美容鍼を受けられたのですが、私にはそれ以前に問題があるように思えました。

たくさんの仕事を抱え、精力的にこなす彼女は毎日コーヒーをガブ飲みしていて、聞くと子宮筋腫があり過多月経とのこと。このところ階段を上がるのにも息切れするという話を聞いて、私は思わず、

「それ、筋力不足の前に、完全に貧血よ!」

と言ってしまいました。

彼女には、たるみより何より体調不良の改善が必要です。まずは病院へ行き、ヘモグロビン値を調べてもらいました。鉄欠乏性貧血と確認後に、食事を見直すことから始めてもらったわけですが、彼女の来院のきっかけとなった「たるみ」も、貧血が引き起こす症状のひとつです。

貧血とは、すなわち鉄分不足。鉄分はからだじゅうの細胞に酸素を送り届ける「車」の役割をしています。その鉄分が足りなくなると、酸素は運ばれず、からだじゅうが酸素不足に陥ることになります。

**酸素不足は、肌の新陳代謝を妨げるばかりか、肌のハリを保つために必要な、真皮を構成するコラーゲンの生成にも大きな影響が出てしまいます**。コラーゲンはタンパク質でできていますが、タンパク質の生成にも、十分な酸素が必要だか

らです。
貧血の中で最も多いこの鉄欠乏性貧血の症状は、だるい、いつも疲れている、すぐに息切れがする、耳鳴りがする、朝起きられない、冷え性、髪が抜けやすい、顔色が悪い、過食……といったものがあげられます。ですが、この患者さんのように、診察してそう病名をもらうまで、貧血とまったく気づいていないことも少なくありません。

鉄分が足りない状態では、食事で摂った栄養素もうまく運ばれず吸収されません。肌の新陳代謝はもちろん、からだ全体の代謝が悪いから、顔もからだもむくむし、太ります。そして、筋力が衰え、からだはたるんでしまうわけです。

女性は月経で、毎月大量の血が失われます。意識して鉄分を補い、ヘモグロビン生成に欠かせない良質なタンパク質を摂っていかないと、貧血は進んでいくことになります。過多月経ぎみの人はとにかくまず病院で検査をしましょう。過多月経でなくとも、隠れ貧血の場合があります。隠れ貧血とは、ヘモグロビンの値は正常値でも、肝臓などの臓器にストックされる貯蔵鉄が不足している状態です。

鉄欠乏性貧血と確定したら、筋力トレーニングよりもまず、食事の見直しをおすすめします。子宮筋腫などがある場合は、漢方薬や外科治療などによって解消することができるので、まずはそちらの治療から進めてみてください。

## 太れば、間違いなくたるむ

「私は太っているから、たるみが心配というよりは、とりあえずやせたいって感じかな」

という人がいます。太っていて顔がパンパンであることは、シワを薄くし、たるみにくい、と言いたいのかもしれませんが、太っていて顔に脂肪が多いことが、たるみとシワを減少させるということはありません。

私に言わせれば、

**「太ると、当然たるむわよ」**

ということです。

それでなくとも、重力が下へ下へと、からだを引っ張っていくわけですから、そこに脂肪がついて重くなればなるほど、皮膚は伸び下がっていきます。

40代以降は年々、脂肪が落ちにくくなり、いつのまにか、二の腕や太ももにお肉がついて、「こないだまで入ってたスカートがはけない」ということも。**増えていく脂肪はそれだけで、顔もからだも「引き下げるおもり」と化しているのだと思ってください。**

顔に脂肪がついた状態が一時的に「パンパンに張っているように見える」としたならば、その先に待っているのは、その脂肪のぶん「下がった」顔です。太ればなった だけ、結果的には下がり、たるみが発生するのです。

更年期の女性が、太りやすいのは事実です。

更年期の女性はホルモンに振り回され、閉経を境に、さらに状況は悪化していきます。日本女性の閉経年齢は平均で50歳。更年期は、その前後5年の10年間ですから、45〜55歳は、人生でもっとも太りやすい時期ということになります。

この時期は同時にたるみの最盛期ともいえます。女性ホルモンのバランスが崩れ中性脂肪の蓄積が起こりやすくなり、動脈硬化や肥満へとつながっていきやすいのもこの時期です。

さらにホルモンの乱れは自律神経の乱れにもつながり、過食に走りやすくなり、ますます太りやすくなっていきます。ついた脂肪の重みに耐えられず、筋力の足りないお顔がどうなるか……もうおわかりですね。

今、脂肪がたっぷりついているという人は、まずは、このからだの脂を落とすことから始めましょう。

脂を落とすためにはまずは基礎代謝のアップです。一時的に体重だけを落とす無理なダイエットをしても、そのときには少しやせても、さらに代謝が落ちてしまいます。筋力をしっかりつけることを最優先しなければなりません。

筋肉は正直ですから、何歳からでも、動かせば応えてくれます。80歳からだって筋力アップは可能です。86歳の患者さんは、月に1回、今でも電車を乗り継いで2時間以上かけて治療院にお越しになります。この方は週に1回の筋トレを欠かさず続けていますが、通院時に歩いたり、階段を上がったりすることがだんだんラクに感じるようになってきたと話してくださいました。何歳からであっても、日々の積み重ねで、筋力は確実についているのです。

## 「ずれ」が「ゆがみ」になり、「たるみ」を生むまで

重力の存在のせいで、からだについた脂肪が、そのままからだを引き下げる「おもり」となってしまうことはお伝えしましたが、ゆがみもまた、たるみにつながる要因となります。

たとえば猫背。猫背の状態とは、骨盤が後傾し、ストレートネックとなり、巻き肩の前傾姿勢です。頭の重さを分散して支えるように、背骨の彎曲《わんきょく》が異常な状態となっています。このからだのゆがみが、どのようにして顔のたるみにつながるのか。ゆがみとたるみの関係を見てみましょう。

まずは、からだのゆがみによって、頭部への血流が減り、顔の細胞へ送られるべき酸素の量が減ることで、新陳代謝とコラーゲン生成の低下が引き起こされます。先ほどお伝えした、顔のたるみの原因のひとつですね。

そしてもうひとつ、前傾姿勢によって顎関節に悪影響が生まれることがたるみにつながるといえます。あごはその左右で、下あごが上あごの骨に筋肉で支えら

れくっついている構造ですが、前傾姿勢によって下あごが落ちやすい状態になり、上あごにくっつくために支えている筋肉にアンバランスな負担がかかります。筋肉への過度の負担、アンバランスな負担は、たるみの引き金となります。

これは、からだがゆがんでいることによって、顔のたるみが発生した――という説明ですが、本当のところは、からだのゆがみは、顔のゆがみ、とくに「顎関節のずれ」によって生まれることが多いのです。

つまり、からだがゆがむから顔がゆがむ、という以上に、顔のずれがゆがみを生んだ結果、からだがゆがむ、というのが正解なのです。

なぜ、顔がゆがむとからだがゆがむのか。

**顔のゆがみとは、そのほとんどが顎関節のずれから生じています**。

というのも、骨格筋のひとつである「咬筋《こうきん》」という、人がものを嚙《か》むときに使う筋肉があります。この咬筋は咀嚼筋《そしゃくきん》のひとつで、からだの中でも指折りの強い筋肉といわれています。顎関節をとりまいているのが、この咬筋をはじめとする4つの筋肉。顎関節のずれが発生すると、からだがバランスをとろうと、これらの筋肉を緊張させたりゆるめたりして補正することで、顔のゆがみが生じてしまうのです。

**顎関節は、カイロプラクティックの業界では「ストレス関節」という異名をとるほど、ストレスによる影響を受けやすい関節です**。無意識の食いしばりなどで、あっという間に、ずれが生じてしまう関節なのです。

「ゆがみ」という言葉は、東洋医学の視点でひもとくと、興味深い結論に至ります。東洋医学では、「ゆがみによるたるみ」は、単純に重力によるものという考えではなく、気血水の「気」の不足によるものと説明します。

前かがみの姿勢になってしまうのも、体内に「気」が不足し、からだに力が入らなくなってしまうから。「気」がからだを動かしているという理屈なのです。

重力に対して本来の姿勢を保つために働く「抗重力筋」――頸部《けいぶ》伸筋群・頸部屈筋群・脊柱起立筋・大臀筋《だいでんきん》・ハムストリングス・下腿《かたい》三頭筋・腹筋群・腸腰筋・大腿四頭筋・前脛骨筋など――を働かせる指示を出しているのが「気」。

その「気」が不足してしまったがゆえに、からだに力が入らなくなり、重力に逆らえなくなり前傾姿勢が生まれてしまった、というわけです。

この「抗重力筋」の働きには、神経伝達物質であるセロトニンが大きくかかわっていることがわかっています。セロトニンとは、不足するとうつ症状や不安、イライラを招くといわれる脳内で働く神経伝達物質で、ドーパミンやノルアドレナリンの暴走を抑え、精神バランスを整える性質があります。セロトニンが増えると幸福感が増すことから、幸せホルモンともいわれています。

このセロトニンが不足して不安感が増し、うつ症状に陥ると、抗重力筋の働きが弱まり、姿勢が悪く、先の前傾姿勢になります。人は不安を抱えているとき、まさに胸の前にその重荷を抱え込むように、背中を丸め、前かがみになり、首が前に出がちです。それはまさに姿勢を保つ働きをする抗重力筋が、セロトニン不足で働かなくなった結果ともいえます。

**さらに面白いことには、反対に、姿勢を正し、すなわち抗重力筋をきちんと働かせている状態では、なんとセロトニンが出てくることもわかったそうです**。からだと精神状態とが、密接にかかわっていることがわかる、とても重要な事実だと思います。

スマホを見たり、パソコン作業をしたりするとき、無意識のうちに、巻き肩で頭が前に出た姿勢になりがちです。頭を支えるためにからだにはゆがみが生まれ、それがたるみへと変わることはお伝えしたとおりですが、このセロトニンの話を当てはめれば、こうしたよくない姿勢でいることは、よくない精神状態を招くといえそうです。

姿勢を正して抗重力筋をきちんと働かせていないと、幸せホルモンであるセロトニンが出ず、不安やイライラ、うつ症状を招くこともあるのです。

## たるみを生んでいたのは「不安」だった

からだと精神状態は密接なかかわりがある。そう思うと、「姿勢を正せば、しゃきっと気持ちも切り替わる！」ということも、たんなる精神論ではなく、医学的にも正しい心とからだの保ち方ということなのでしょう。

先に姿勢を保ったりからだを機能的に動かすことをコントロールしている

「気」のエネルギーについてお話ししましたが、この「気」のエネルギーが低下しているとき、自律神経の乱れを起こしていることが少なくありません。

コロナ禍で、職場や家庭で大きなストレスを感じているという患者さんの中には、「眠れない」「疲れが取れない」という症状を訴える人が増えてきています。

病気ではないけれどなんとなく体調が悪い、心が鬱々とするという状態は、東洋医学でいうところの「未病」の状態です。

気のエネルギーが低下すると、自律神経のバランスが崩れ、免疫力が低下します。不安になり、ひどくなるとうつ症状ももたらします。

この不安やうつ症状は、美容面にも大きな影響を及ぼします。

気のエネルギーが低下すると、無表情になりがちです。笑うことが減れば、口角は自然とへの字になり、顔は下向きになります。

重力に抵抗する力を失った状態では、たるみは加速します。

やはり、たるみは、「気」によるところが本当に大きいのです。

この反対に、恋をした女性がとたんに美しくなり、口角が上がって、筋力もアップし、見事にたるみから復活する姿を見ると、不安はたるみの敵だと思わざるをえません。

不安やうつ症状は、漢方薬などで体内バランスを整えたり、全身運動をしたりして筋肉を通じてストレスを軽減できることがあります。誰かに声に出して話すことも運動といえるかもしれません。

では、もうひとつの方法。

それが、じつは、笑顔をつくることであったりします。

先ほど、姿勢を正すことで、セロトニンが出ることがわかったという話をしましたが、お顔も同じです。笑顔をつくれば、精神状態は改善していきます。

**幸せだから笑う、のではありません。笑っているから、幸せになっていくのです。**

だから私は、日々、駆け込んでくる疲労困憊《こんぱい》の患者さんに向けて、「顔！」とツッコミを入れるのです。笑顔を先につくることが、何よりの美容法であり健康法であることを、患者さんと向き合う長い年月が教えてくれたからです。

「顔」とは、幸せの「起点」なのです。

# 「隠す」から、たるんでいく!?

マスク生活が長引くなかで、なんとなく感じていることなのですが、私は、**マスクで顔の下半分を隠すから、たるみを助長してしまうのではないか**、という仮説を立てています。

隠せるというのは、とっても怖いことです。

人は、隠せると、とたんに「怠慢に」なるから。見えないとわかると、「ま、いっか」とサボるのが人間なのです。

マスク着用についてテレビのインタビューでこんなことを言っている人がいました。

「マスクをしていると、どんな女性も美しく見えますね」

まあ、目だけしか見えていませんから、目の下のたるみ、顔のゆがみ、あごのラインは見事に隠せているわけです。言っていることはわかります。

しかし、道行く人には下半分を見られることはないかもしれませんが、パートナーや家族はもちろん、近しい人の前ではマスクを外す場面がありますよね。「あれ？　そんな顔だったっけ」と思われてしまうことは避けたいと思いませんか？

これから出会う人にも、マスク姿で美人に見えたとしても、外してがっかり、だとしたら、期待したぶん相手は余計にがっかりするものではないでしょうか。

仮説の続きですが、これはもう細胞そのものに意思なるものがあるのではないかと思ってしまいます。**「見られていない細胞はサボる」、それが人間。隠した部分は、より動かすことがなくなり、見えない部分は、たるみ、ゆるんでいく**。そう私には思えます。

逆にいつもさらけ出している人は、当然ながら美しいまま。芸能人を見ていればよくわかりますが、常に見られている人は口角も上がり、丹田にも力が入っていて、姿勢も自然とよくなります。デビューしたタレントさんがどんどん美しく洗練された印象になっていくのも、**「見られていない細胞はサボる、見られる細胞はイキイキする」**説が当てはまる気がするのですがどうでしょうか。

**見られている、という意識は、脳に「だから、よろしくね」という信号を送り**

**ます**。脳は「了解。じゃあ、ピンと張っておくよ。ちゃんと動かすね！」と筋肉に指令を送り、意識のともなう筋肉運動は、よりその動きを美しくし、機能的にします。マスクをしている状態の私たちとは正反対です。

この理屈でいえば、これからもマスク生活が続き、人に見られる機会が減ったままの生活が続いた場合、じわじわとマスクの下では、ほうれい線のダムは決壊し、目の下の涙袋は脂肪の塊として下へ下へと地滑りしていくことになるでしょう。

ジムでの筋トレでも、負荷をかけている部位はどこなのかを明確にして、そこを意識しながら行うことで、効果が変わってくるという話を聞いたことがある人も多いと思います。

巻頭のエクササイズご紹介のときにも、「意識！」というアイコンで、その動作の際に意識していただきたいことをお伝えしたのはそんな理由があります。

日常生活でも、その**「意識の力」**を活用してはどうでしょう。

chapter 3

# さぁ、
# 顔面を整頓しよう

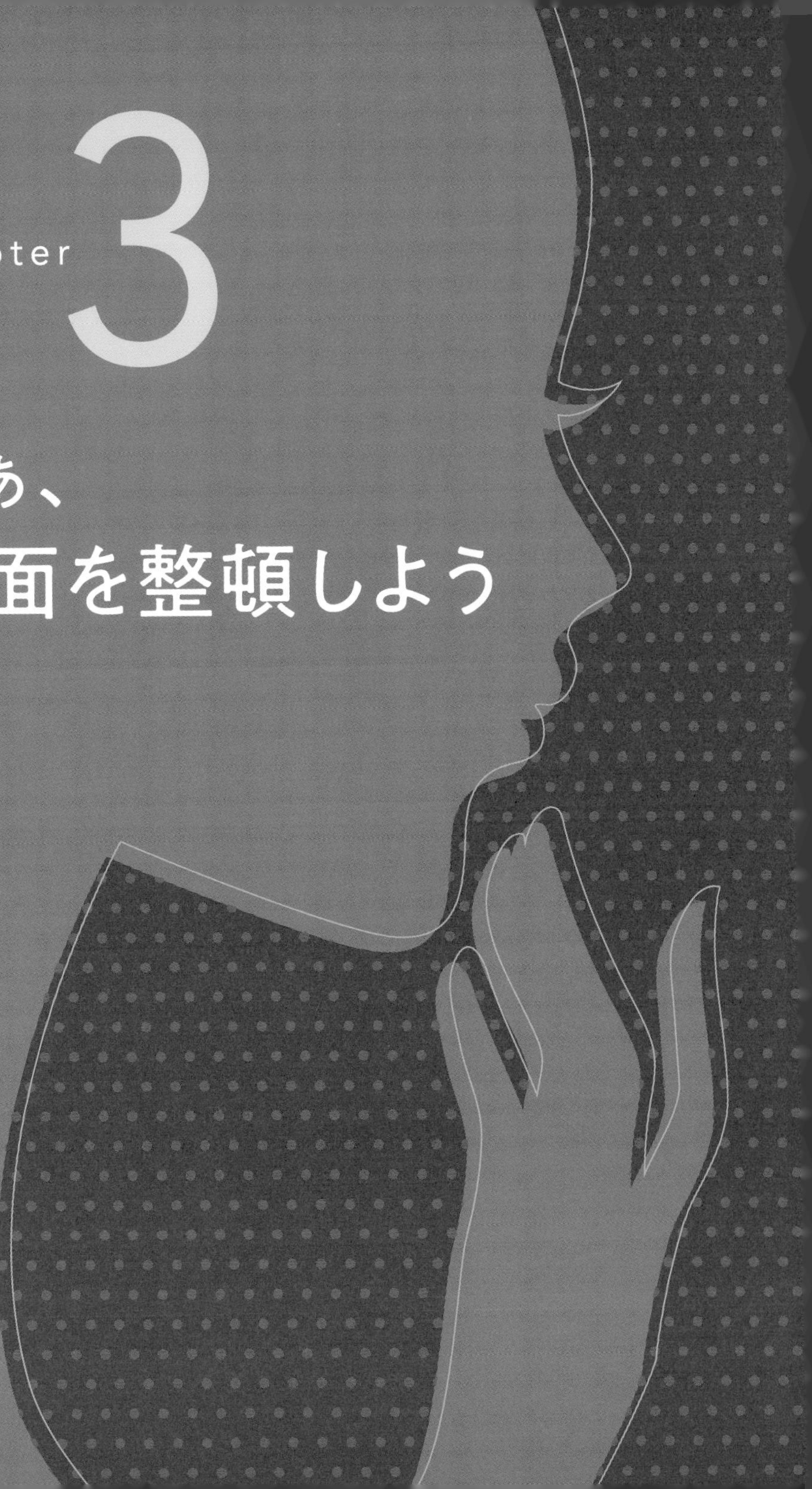

## あるべき場所にパーツを「戻す」顔面整頓

表情筋がゆるみ、顔がたるむと、本来のあなたの顔ではなくなります。両目の位置は左右に広がり、ほっぺたの盛り上がりも下へと移動し、口角の位置も下がります。顔の印象は、横幅が広くなり、輪郭がひとまわり大きく、のっぺりと見えます。

お伝えしてきたように、年齢肌は、肌の構造に変化が起き、使われない表情筋がゆるむことによって、皮膚のたるみが生まれた状態です。顔のパーツが定位置を失ってさまよっている状態。気づいたときにはすでに顔面崩壊の危機を迎えているというわけです。

**そんな年齢を重ねた肌や皮膚、筋肉に働きかけるときの鉄則は、「やりすぎない」ということです**。重ねてお伝えしているように、負荷をかけすぎない適度の筋肉のエクササイズ、というところが大切です。再生回数が何百万回あるというエクササイズ動画も、それをやっていい人（若い人）と、やってはいけない人がいるのは、いつも心にとどめておかなくてはいけません。

「簡単に顔が引き上がる方法ありませんか？」

と聞かれますが、じつはこれこそが「正解」です。

そう、**年齢肌が取り組んでいいエクササイズは「簡単にできるもの」だけ**。気合いを入れてやりすぎるのは百害あって一利なし。かえってシワを生むという落とし穴を私自身が経験したのはお話ししたとおりです。

あるべき場所に、目や鼻、ほお、口の位置を戻していく——これは、「福笑い」を想像していただくといいでしょう。

福笑いは目隠しをして行いますが、自分が一番輝いている顔を思い出して、元あった場所に、意識して動かす、目隠しをしない福笑い——それが「顔面整頓」です。福笑いでは手を使ってささっと動かしますが、顔面整頓では、手の代わりに「筋力」を使って、じっくり、ていねいに行います。

重力とお顔の使い方のクセ、表情のとぼしさによって生まれた顔面の散らかりを整えるというのは、その散らかりをはぐくんだ時計の針を少しずつ巻き戻すように、重力に逆らい、筋力によって押し戻す作業です。

はっきりいって地味で小さな動きです。

動かすのは小さな小さな筋肉ですから、筋トレジムでバーベルを上げて大量の汗を流す爽快感は得られないかもしれません。「なんだか地道で時間がかかりそう、もっと一発逆転の方法はないの？」と思うかもしれませんが、あなどるなかれ。

じつはこのごくごく地味な動きが、わずか数日で劇的な変化を生むことも事実なのです。


**ですから、とにかく「やりすぎＮＧ」**。地味だがすごい効果があるのが、本書、顔面整頓でお伝えする方法です。

## 若々しい顔をつくる2つの筋肉に大注目！

さて、この章では、顔面整頓するためのエクササイズについて、その前準備についいて説明をしてまいりますね。

**結局のところ、すべてのお顔の問題は、2つの筋肉に集約されます。**

若々しく見える人のお顔の共通項は、「目の力強さ」と「ほおの高さ」だと思います。これらに密接にかかわるのが、**「大頬骨筋《だいきょうこつきん》」**と**「口角挙筋《こうかくきょきん》」**です。

ほおを上外側に引き上げる動きをするのが「大頬骨筋」、口角を引き上げる動きをするのが「口角挙筋」。これら2つをまず上げていくこと。この2つは、にっこり顔をつくるための筋肉です。

表情筋は、お伝えしたとおり、その多くが皮《ひ》筋《きん》といわれる、筋肉の終点が「皮膚」に付着している、非常に繊細で柔軟に動く筋肉です。

ひとつの表情筋だけで動くことはなく、た

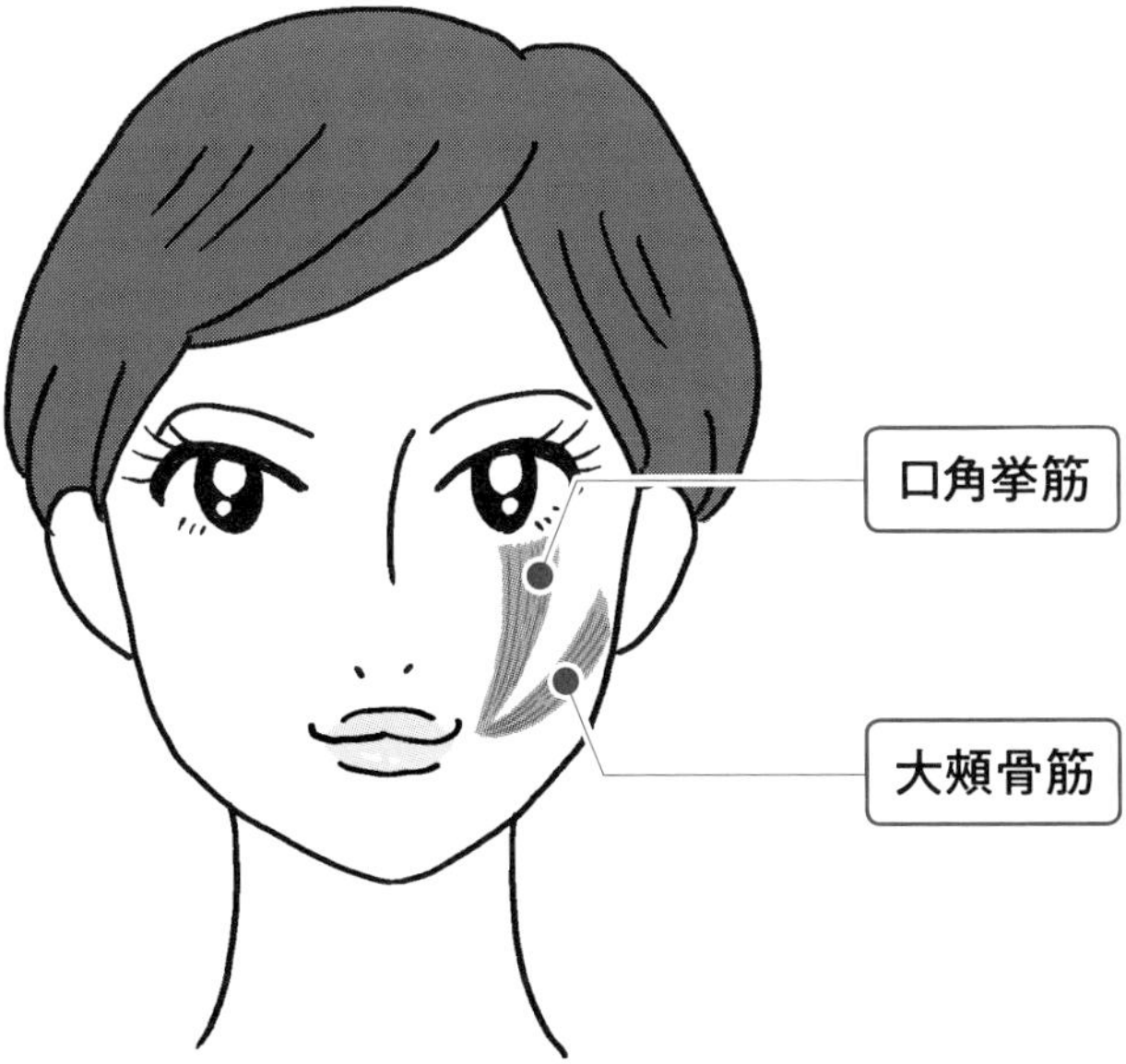

くさんの表情筋が重なりあい、関係しあっていますので、どこかひとつを動かすということは難しく、動作の刺激は、いくつもの表情筋に働くことになります。

それを理解したうえで、この「大頬骨筋」と「口角挙筋」の2つを意識して使うようにしましょう。

先にお話ししたとおり、「意識」の力は絶大です。「なんとなくこのあたり」と筋肉を動かすのと、「大頬骨筋はここ！」と、その場所を理解し、そこに意識を向けながら動かすのとでは、刺激の入り方に格段の差が生まれます。

## 日本人は顔がたるみやすい人種!?

「先生！　なんとかして！」と、たるみの駆け込み寺のように、日々たくさんの女性たちが治療院を訪れます。美容鍼《ばり》の効果は、エステやマッサージとは比べ物にならないほど、「即座」であり「確実」。その効果のほどはもちろん確証済みです。

鍼というと、「鍼を刺すのはちょっと」「痛そうで怖い」という方もいるかもしれませんが、感じ方に個人差はあるものの、痛みはほとんどありません。

鍼刺激によって血流が改善し、筋肉のこわばりを取るだけでなく、お顔の筋肉に鍼を刺し、筋繊維にあえて傷をつけると、「修復しなさい」という脳からの指令が出ます。修復の過程で、新しい筋繊維ができ、真皮層ではコラーゲンやエラスチンの産生が促され、肌も引き締まります。美容鍼とは、筋繊維を修復しようとする自然治癒力を利用した治療です。

しかしながら、せっかく筋繊維が新しく生み出されることでたるみが解消しても、残念ながらそれは永久には続きません。**それは、表情筋が使われず衰えたままでは、また、下がってきてしまうからです。**

私はこのことを、いつも患者さんにはお伝えしています。だから、自分でこの顔面整頓をやってくださいね、と。

使わなければ使わなかっただけ、その機能が低下し、たるみを生み出すのが表情筋ですから、マスク生活が長引く状況は、女性たちの顔に大きな影響を与えてしまうと私は危惧していて、「とにかく表情筋を使いまくる」という意識で生活することを女性たちには口を酸っぱくしてお伝えしています。

では、エクササイズ以外ではどんな工夫ができるか。普段の生活で顔の筋肉を維持する方法はというと、人とのコミュニケーション。たくさん話して、たくさん笑うことでしょう。

マスク生活から解放されて、思いっきり語りあって、笑いあう日が待ち遠しいですが、おそらくそれは少し先になるでしょう。マスクの中では表情筋を無意識のうちに使わないようにしてしまいがちですから、意識的に、口をしっかり開けてはっきり動かすようにすることです。そして、マスクしながらできる、本書でご紹介するエクササイズを行いましょう。

そもそも、日本人は、外国人に比べて、大きく口を開けて話すということが少ないように思います。使っている表情筋がもともと非常に少ないのです。ある外国人に言わせれば「日本語って、ずっと、とととととと…って言ってるみたいだね」というくらい。

欧米人は口だけでなく、目を見開いたり、ほおをぐっと上げたりと、日本人よりもずっと表情豊かな印象がありませんか？　そんな欧米人が小顔に見えるのは、もともとの欧米人の遺伝子はもちろん、英語という言語が、日本語に比べて、表情筋をより動かす言語であることが影響しているのかもしれません。

実際、日本語を話すときはもごもごしているのに、英語を話すと人が変わったようになる人がいます。これは実際に使う表情筋が変わるから、顔が変わり、発声される声が変わるといえると思います。

日本人は、表情筋の動きがとぼしい人種。そう自覚したうえで、もっと表情豊かに、もっとイキイキとおしゃべりしている自分をイメージして話すようになれば、日ごろのおしゃべりすらトレーニングに変わります。

## 顔面を下支えする「舌」のすごい働き

「若いころは小顔だったのに」

そうつぶやかれる50代、60代の女性たち。ため息まで聞こえてきそうですが、年齢を重ねて大顔になってく理由は、表情筋の衰えと、これまでの筋肉の使い方によって、方向に強い弱いが出てずれが生じ、重力との引っ張りあいに負けて、ゆがみが生まれ、たるみへと変わってしまうこと。そして、加齢により骨がやせ、接合部にゆるみが出てきて開いていくことにあります。

頭蓋骨のずれに関しては、頭蓋骨の位置を戻す施術なども存在していますが、それよりも簡単に取り組めることがあります。

**「若いころのキュッとしたあごのラインを取り戻したい」という方は、まずは「舌」を動かすことから始めましょう。**

本書では、マスクをしたままでもできる5つの顔面整頓の前に、準備運動として取り組んでいただく「プレエクササイズ」として、この舌を動かす方法をお伝えしています。これらは、歯科医も推奨しているワークです。

**舌は舌筋《ぜっきん》という名の、れっきとした「筋肉」です。**それも、大きく、奥から手前まで、長さのある筋肉です。そしてその舌を支えているのが「舌骨《ぜっこつ》」とそこについている「舌骨筋群」です。

この舌骨筋群たちは、あご下をハンモックのように支えている筋肉です。

舌骨についている舌骨筋群と表情筋には密接なつながりがあって、使えば使うほど、その周辺にある口内の筋肉を刺激します。

舌骨筋群の中でも、舌をべーっと出す動きで使われるオトガイ舌骨筋、反対に、舌を上あごにつける動きに使われる茎突《けいとつ》舌骨筋。これらの2つの筋肉をとくに刺激することができるのが、プレエクササイズの「べーべーカメレオン」の動きです。

カメレオンのようにべーっと舌を出し（オトガイ舌骨筋を働かせる）、その後、上あごに舌の先をつけます（茎突舌骨筋を働かせる）。この一連の動きにより、首から上にあるリンパを刺激し、顔全体のたるみを解消してくれ

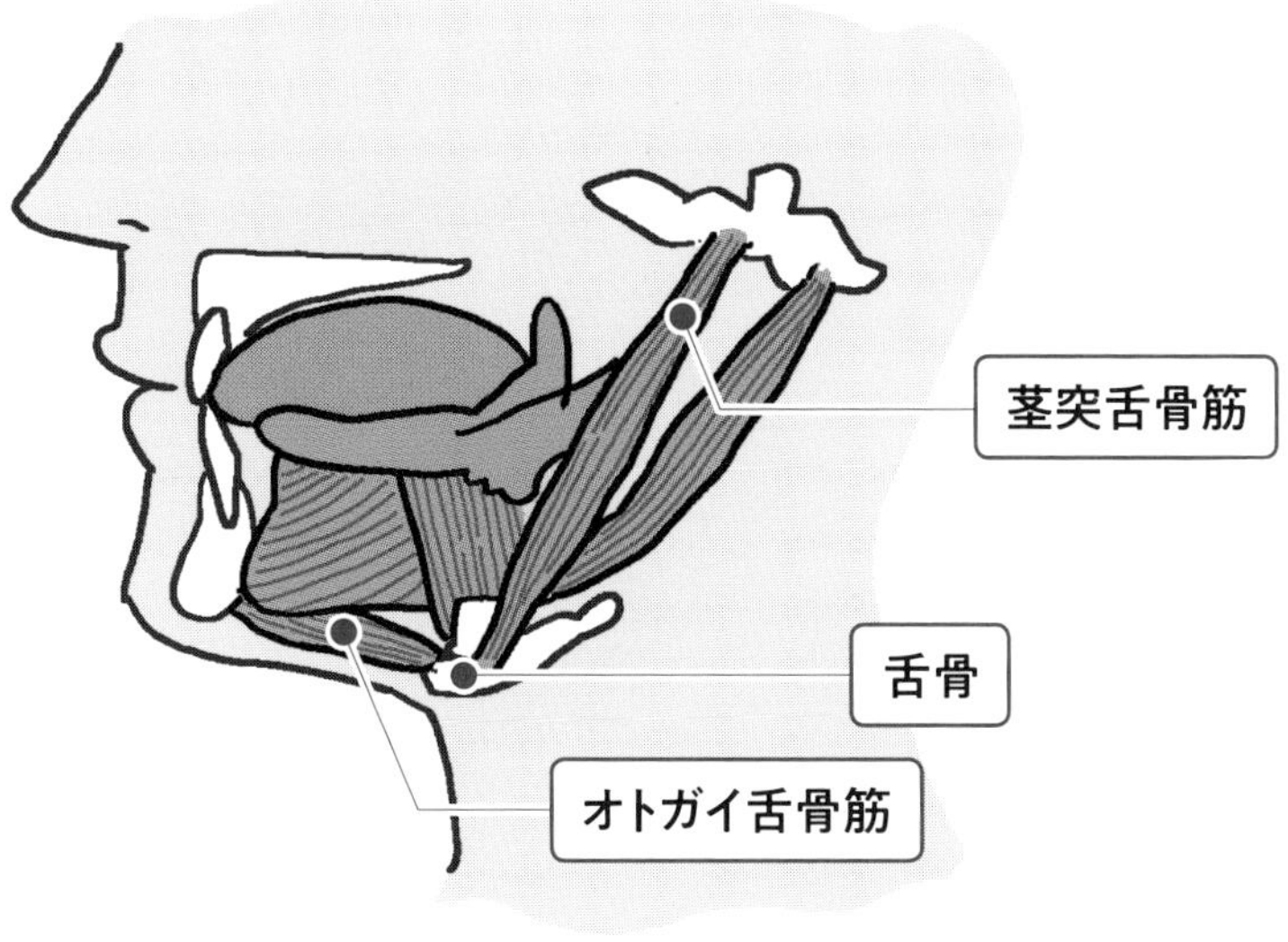

る準備運動です。

本書でご紹介した表情筋の体操は、「やりすぎ厳禁！」とお伝えしましたが、じつは、「舌を使うこと」についてだけは、少し舌が疲れるくらいに回数を増やしてもいいでしょう。

プレエクササイズ1の「くるくるペンギン」は、肩甲骨周りの血流を上げる効果がありますが、血流の増加と、このリンパの流れをよくする準備運動で、本番の5つの顔面整頓がより効果的になります。

## 誤嚥と肺炎を防ぐ「舌」の効用

舌をしっかり動かすと、顔のリンパの流れが改善し、口周りの筋肉に刺激を与えてたるみを解消してくれます。ですが、いいことはそれだけではありません。

**人生100年時代といわれる長寿時代を生きるために必要な「嚥下《えんげ》機能」を回復させる効果があります。**

嚥下機能とは、口に入れ咀嚼《そしゃく》したものを飲み込むことです。

「飲み込む力」をあなどってはいけません。食道を通るはずのものが、あやまって気管に入ってしまうと、誤嚥《ごえん》性肺炎を引き起こすこともあり、お年を召した方には、とくに注意が必要です。肺炎に至らなくても、食事のたびに激しくむせたり、炎症を起こすこともあります。

治療院を訪れた60代のある患者さんから、こう言われたことがありました。

「最近、これまで普通に飲み込めていた大きさのものが、うまく飲み込めなくて」

これは、食道周りの筋肉が衰え、まさに嚥下機能が低下していることを示しています。**この嚥下機能を保つのも、舌の周りの筋肉の仕事なのです**。

人はものを飲み込むとき、大きく分けて2つの筋肉群を使っています。舌骨を起点として上にある舌骨上筋群と、舌骨より下にある舌骨下筋群です。

食べ物を咀嚼するときには、嚙《か》み砕いて飲み込めるかたまりにするために、咀嚼筋が使われます。このかたまりを舌にのせ、喉に送り込むときにおもに使われるのが、舌骨上筋群のうちの顎《がく》舌骨筋、顎二腹《にふく》筋などです。

その後、咽頭から食道へとかたまりを送り込むときに働くのが、舌骨下筋群のひとつの甲状舌骨筋であり、この筋肉の働きによって、喉頭蓋は閉じられ、食べ物が気道に入るのを防いでくれます。

これら、上下にある舌骨を起点とする複数の筋肉からなる筋肉群に、まとめて刺激を与えられるのが、顔面整頓でご紹介する「連続ごっくん」です。「べーべーカメレオン」で、リンパの流れをよくしてから臨むとより効果的です。

顔を上げたままの状態で3回大きくごっくんをするというシンプルなエクササイズですが、たくさんの筋肉が張りめぐらされているあごを効果的に使うことができます。

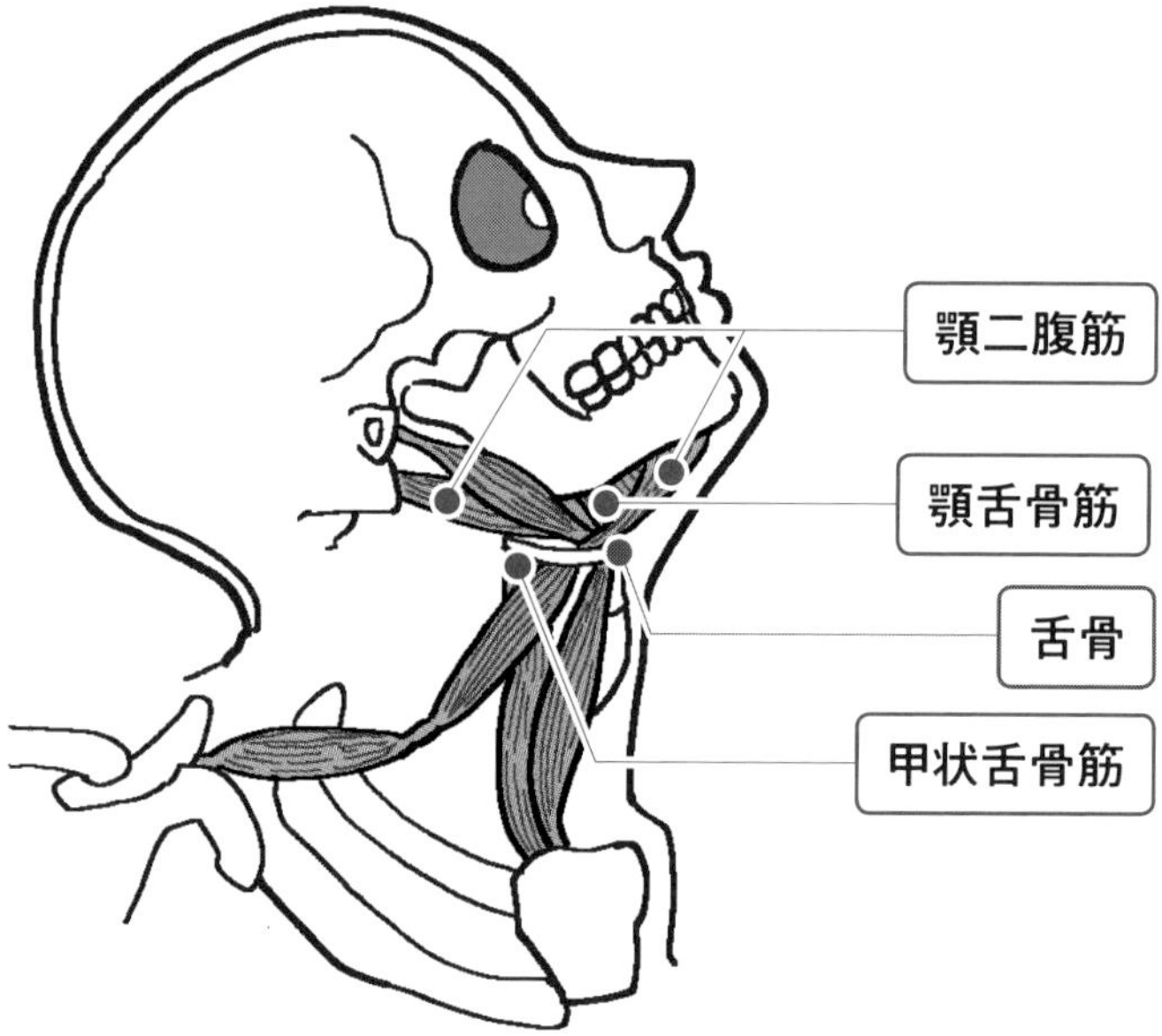

## 無呼吸症候群、脳梗塞後のリハビリに最適な「舌」運動

過去に脳梗塞などの脳の病気を患ったことがある人は、腕や足の使い方、動きだけでなく、口や舌が動きにくくなっていることがあります。

**私はかねてから脳梗塞の予後の治療を多く行っていますが、後遺症により発語に障害が出ている場合、舌が縮まり丸まった状態になっていることがあります。**

私は鍼灸《しんきゅう》での回復を促しながら、同時に、舌や口を動かすエクササイズを実行していただいています。毎日行っていただくと見違えるような効果があり、口周り、舌を動かすことが、脳への直接的な刺激となっていることを感じます。

私たちは普段、何事もなく話せることが当たり前と思いがちですが、話すということは、筋肉を複合的に使っているのです。ということは、話さないと、舌はどんどん筋力を失い、縮んでしまうものなのです。

また、筋力が弱まると、舌は寝ているときに、喉のほうへと落ちていきます。

それによって無呼吸症候群などを引き起こすこともあります。

## 顎関節の不具合を防ぐ「ツボ」

舌骨から上へ、あごに向かってついている舌骨上筋群と、舌骨から下にある舌骨下筋群が嚥下機能に大きくかかわることをお伝えしました。元気で長生きするには、食べることが不可欠です。食生活は生活の質に大きく影響しますから、普段から喉周りの筋肉に意識を向け、筋力維持を心がけましょう。

もうひとつ、嚥下機能といえば、咀嚼に大きく関係してくるあごの動き。顎関節についても、お伝えしたいポイントがあります。

前章で、顎関節にゆがみがあると、全身のゆがみを呼び、顔のたるみを呼ぶこと、そして、顎関節はカイロプラクティックの世界で「ストレス関節」と呼ばれるほど、無意識の噛みしめや噛み合わせによりずれが生まれやすい、ストレスが表にあらわれる場所であることをお伝えしました。

前項でお伝えした喉周りの筋肉、舌骨上筋群と舌骨下筋群の働きが弱くなってくると、下あごと上あごの接合に問題が生じます。

顎関節は、下のあごは上のあごに側頭筋・咬筋をはじめとする筋肉といくつかの靭帯《じんたい》でつながっていて、構造上とてもデリケートな関節です。もともと重力が、下あごを下へと引っ張っているのに、顎関節の問題が起きてしまうと、下あごが下へ下へと、ぶら下がっていく可能性が大。

こうなると、あごも外れやすくなります。

**ストレスでこわばりやすい顎関節をほぐすには、ツボも有効で、「下関《げかん》」というツボを指の腹で上下にマッサージすることをおすすめします**。

「下関」というツボは口をちょっと開けたときにペコンとへこむ部分。軽くお口を開けながらやさしくほぐすように押します。

と同時に、口の中に指を入れ、直接筋肉を

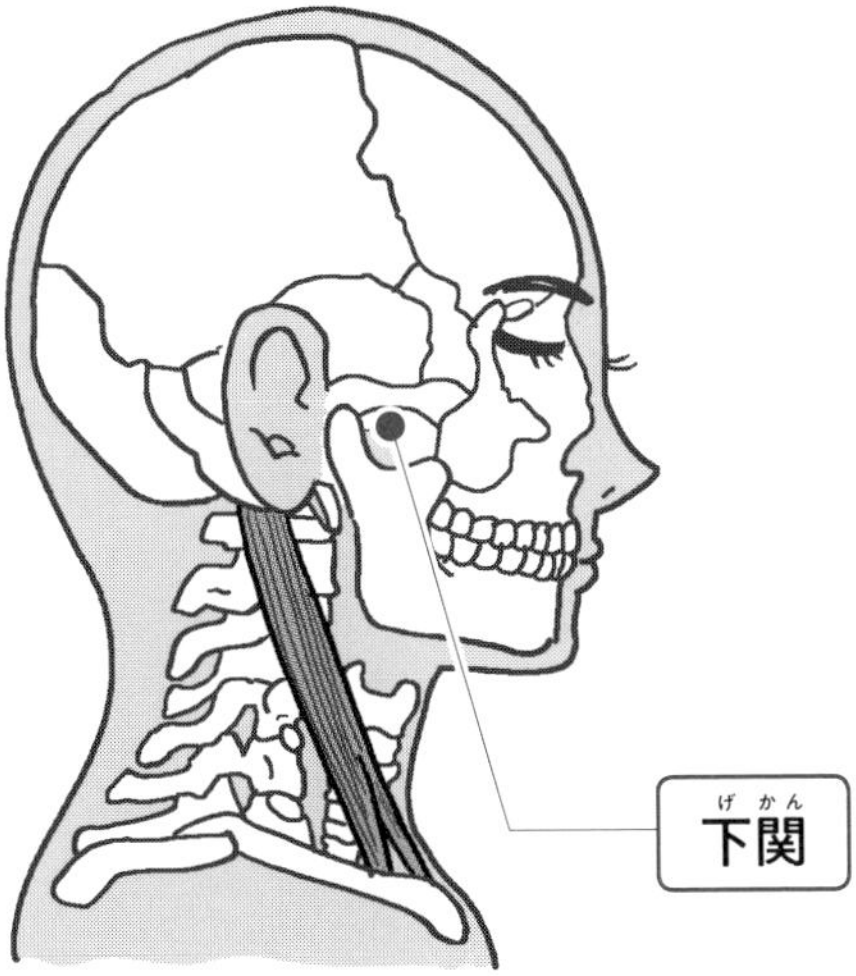

ほぐすのも効果的です。

外側からぐいぐいと顔をマッサージすると、皮を引っ張り、たるみを進行させる原因になりますが、口の中からのマッサージは、直接筋肉に届くことになります。

とくに固くなっている部分を、内側からやさしくほぐすイメージで行います。

## エクササイズは「6秒キープ」で

表情筋に働きかけるエクササイズは、地味でていねいなエクササイズであるとお伝えしました。**関節を動かして曲げ伸ばしをするエクササイズではなく、上げた筋肉をキープすることで筋力アップを図るものです。**

運動には、関節を曲げ伸ばしして筋肉を動かす「等張性運動」と、関節を動かさずに筋肉を働かせる「等尺性運動」とがあります。

たとえば、スーパーでたくさん買い物をして帰宅するとき、買い物袋を持った手は、伸縮運動は行っていませんが、腕の筋肉は使われています。これが、筋肉の長さを変えないで（等尺）筋肉を使っている等尺性運動。等尺性運動はアイソメトリック運動とも呼ばれます。

顔周りの小さな筋肉にアプローチするには最適な方法です。本書でお伝えしたお顔のエクササイズも、関節を曲げ伸ばしせずに行うアイソメトリック運動です。たとえば、ほおの筋肉（大頬骨筋）を上げた状態でキープするエクササイズは、筋肉を収縮させそれを一定時間キープすることで、筋力をつけていくものです。**キープしている時間は、長すぎず、短すぎず6秒が最適といわれています**。呼吸を止めずにじっくり行うことがポイントです。

曲げ伸ばししないアイソメトリック運動は、マスクの下でもいつでもできる、マスク時代に合ったエクササイズといえそうです。

さぁ、ここまで顔面整頓のお話をしてまいりました。たるみは怖いものですが、現実を知ることが最初の一歩です。現実を受け止めたなら、次はもう行動あるのみ。1分でマスクしたままできる顔面整頓、さっそくあなたの毎日に取り入れてみてくださいね。

# おわりに

最後までお読みいただき、ありがとうございました。

先日、40代中盤の女性から「やり始めて3日でほおがスッキリした。うれしくて、久々に念入りにお化粧しました」とのうれしいお電話をちょうだいしました。

朝の意識が一日をつくります。常に見ている自分の顔が「いいね」と思えるものか、「がっかりしてため息が出てしまう」ものかで、心持ちは一変します。

意識が変われば、見えるものが変わり、からだも活力を取り戻していきます。

実際、その後会った彼女はいきいきとした印象になり、美しく変化していました。

人は何歳からでも美しくなれることと同時に、顔を美しく整えることは、手っ取り早く人生を変えていく方法かもしれないと実感した瞬間でした。

心持ちは顔にあらわれますが、同時に、顔を起点に人は心を、そして人生をも、変えていくことができるかもしれません。

人生１００年時代と言われる今、１００年続く美しさは「機能美」にあると私は思っています。からだは、正しい位置にあるとき、正しい機能を果たします。表情筋も、たるみを排して正しい位置に戻るとき、しなやかな動きを取り戻し、あなた本来の豊かな表情を生み出します。

顔面整頓は、そんな機能美のご提案のひとつです。

ご紹介した顔面整頓は、私自身の苦い経験から試行錯誤の末に導き出した、すべて自分が実践したものです。お伝えしたように、簡単すぎるように見えて効果は絶大です。やりすぎに注意しながら、楽しく取り組んでくださいね。

みなさまの毎日が、ほおと口角の上がった、素敵な笑顔であふれますように！

２０２０年10月吉日　かとうようこ

**かとうようこ**

鍼灸師。1960年札幌生まれ。関西学院大学卒業。治療室クリスタ院長、クリニカルボディセラピー協会会長。中医学博士、中医薬膳研究家、カイロプラクター。幼少時より悩まされていた原因不明の体調不良が鍼灸治療によって回復した経験から、鍼灸師の道へ。2003年東京日本橋に治療室クリスタを開院。以後、鍼灸、カイロ、気功などを組み合わせ「自分自身が受けたい治療」を提供し続けている。近年は全国各地より講師として招かれ、業界の発展にも大きく貢献。2008年にはブラジルでの鍼灸普及活動が認められ、同国政府よりコメンダドール（伯爵）の称号を授与された。

**年齢たるみが1分で解消！**
**顔面整頓**

2020年11月10日　初版印刷
2020年11月20日　初版発行

著　者　かとうようこ
発行人　植木宣隆
発行所　株式会社サンマーク出版
〒169-0075
東京都新宿区高田馬場2-16-11
電話 03-5272-3166
印　刷　共同印刷株式会社
製　本　株式会社若林製本工場


ISBN978-4-7631-3861-3 C0077

ホームページ　https://www.sunmark.co.jp